TAT〈超〉入門

THEMATIC APPERCEPTION TEST

**取り方から
解釈・鑑別・
バッテリーまで**

赤塚大樹
AKATSUKA DAIJU

土屋マチ
TSUCHIYA MACHI

著

遠見書房

目　　　次

第0章　TATへの超入門の章 ………………………… 9

第1節　TAT図版に出会い，図版を手に取る　　10
第2節　自分のTAT反応（TATストーリィ）を採る　　　11
第3節　他者のTATを採る検査者となる　　　12
　　●本論とは外れるが大切なこと　14
第4節　TATの分析・解釈をする　　　15

第1章　TATへの誘い …………………………………23

第1節　TATを通して，被検査者の「主観的体験に寄り添う」
　　　　──それは精神病理学，精神医学への架け橋となりうること
　　　　………23
第2節　TATはサインアプローチをしない方法であるというこ
　　　　と………25
第3節　「ジャングルの匂い，湿り気」を捉えるTATということ
　　　　………27
第4節　TAT図版成立の背景および，マレーの原法に思いを馳
　　　　せる………29
第5節　20枚のFull-TATということ，時間がかかるということ
　　　　………31
第6節　ナラティヴという視点………33

3

第2章　臨床判断学としての心理アセスメント ……………36

第1節　サイコセラピィを前提としての臨床判断学………36
第2節　臨床判断に重要な情報を提供する心理検査法によるアセスメント………37

第3章　TATという方法 …………………………………40

第1節　「物語」と「投映」ということ………40
　　　(1) 自己についての物語　40／(2) 投映　41
第2節　TATの実施………45
　　　(1) TAT状況，検査場面　45／(2) インストラクション（教示）　49
　　／(3) 質疑　51／(4) 反応時間の測定　54／(5) 語らせ過ぎることの侵襲性　55／(6) 臨床倫理的配慮　58

第4章　TAT図版から捉えられる臨床情報 ………………62

Card 1　62／Card 2　64／Card 3BM　65／Card 3GF　67／Card 4
67／Card 5　69／Card 6BM　70／Card 6GF　71／Card 7BM　71
／Card 7GF　72／Card 8BM　73／Card 8GF　73／Card 9BM　74
／Card 9GF　75／Card 10　75／Card 11　76／Card 12M　78／
Card 12F　79／Card 12BG　79／Card 13MF　80／Card 13B　81／
Card 13G　82／Card 14　82／Card 15　83／Card 16　84／Card
17BM　84／Card 17GF　85／Card 18BM　86／Card 18GF　86／
Card 19　87／Card 20　88

第5章　TATで病態水準を捉える試み ……………………91

第1節　防衛機制から病態水準を捉える………91
　　　(1) 原始的（一次的）防衛機制　91／(2) 二次的防衛機制　94
第2節　防衛のレベルを捉える………97
　　　(1) 防衛破綻（精神病的人格構造）レベル　98／(2) 原始的防衛

（境界例的人格構造）レベル　99／（3）防衛過剰・不足（神経症・不適応的人格構造）レベル　100

第6章　精神病理学的アセスメントをするための情報　… 103

第7章　TATの分析と解釈の進め方　…………………… 113

第1節　分析の視点………113
（1）反応時間　113／（2）現在〜過去〜未来に関する叙述の有無と叙述量　114／（3）未来への時間的展望の中で'課題'がどのように解決されているのか　114／（4）主人公について　114／（5）主人公が持つ欲求は何か，それに関してどういう圧力があるのか　114／（6）画面外の登場人物と登場人物同士の関係性，画面内人物の省略　115／（7）言葉の形式的特徴　115／（8）ストーリィの内容の特徴　116／（9）図版のテーマという視点から　116／（10）図版特性から得られる臨床情報　116／（11）精神分析的枠組み　116／（12）実施図版における反応の流れ　119

第2節　解釈・構造化の視点………120
（1）家族関係　120／（2）異性，恋愛，夫婦関係　120／（3）性への態度，成熟性　121／（4）一般的対人関係　121／（5）仕事・職業　121／（6）人格・行動特性　122／（7）病理診断・病態水準　122／（8）心理療法への適応性　123

第8章　事例―― TAT分析・解釈の実際…………… 127

第1節　第一段階としての分析作業の進め方………127
第2節　事例Jの解釈………142
（1）家族関係　142／（2）異性・恋愛・夫婦関係　144／（3）性への態度・成熟性　146／（4）一般的対人関係　146／（5）仕事・職業　147／（6）人格・行動特性　147／（7）病理性・病態水準　148／（8）心理療法への適応性　149

第9章 TATでのアセスメントを心理療法へ繋げる──
フィードバック面接 ………………………………… 151

第1節 フィードバック面接の考え方………151
第2節 心理療法過程におけるTAT………154
第3節 TATのフィードバック………155
　（1）フィードバックの準備（山本和郎『TATかかわり分析』1992）
　156／（2）フィードバック面接の仕方（山本和郎『TATかかわり分
　析』1992）157

第10章 テスト・バッテリー論 ………………………… 163

第1節 テスト・バッテリーの考え方………163
第2節 投映法によるテスト・バッテリー………166
　（1）SCTとロールシャッハ法　168／（2）TATとロールシャッハ法
　170

第11章 テスト・バッテリーの実際──双極Ⅱ型障害を
TATとロールシャッハ法のバッテリーで捉える … 175

第1節 TATとロールシャッハ法を用いた双極Ⅱ型障害のアセ
　スメント………175
　（1）双極Ⅱ型障害のアセスメントの必要性　175／（2）TATを病理・
　病態のアセスメントのために使用すること　177
第2節 事例………178
　（1）事例の概要　178／（2）TATとロールシャッハ法の分析の視点
　180／（3）TAT　184／（4）ロールシャッハ法　187／（5）TAT，
　ロールシャッハ法，それぞれの双極Ⅱ型障害の特徴　192／（6）TAT，
　ロールシャッハ法のバッテリーで捉える双極Ⅱ型障害の病態像　194

あとがき　198
索　引　200
著者略歴　巻末

TAT〈超〉入門

第0章　TATへの超入門の章

　この章は，この「TAT入門」の第1章から始まる流れ，すなわち臨床の場で，私たちの目の前にいる臨床心理学的援助を求めている人（クライエント）のTATによる臨床心理学的アセスメントをどのように進めていくのかというTATを使って心理臨床的判断をするというプロフェッショナルな流れとは別の目的のために設定した特別な章です。

　この章が必要でない方は，普通に第1章から入っていただき，この章が必要な方は丁寧にこの章から始めてください。この章が必要な方とは，「TATって，どんなものでどういう風に実施するのか知らない人」「心理学を勉強しているけれど，TAT図版を見たことない人」「臨床心理アセスメントの講義は受けたけれど，投映法検査にはロールシャッハ法とTATがあると教えてもらっただけですという人」たちのことです。

　TATへの導入部分について，まるで講義をするように説明してある書物はありません。そればかりでなく，TATへの導入から分析・解釈まで教えられる教師の数は極めて少ないのが現状です。TATは現状においては，ロールシャッハ法のように記号化して，TATストーリィを分析していくという一定の方法論を基本的に持っていません。ある特定な心理特性については，分類して記号化するという分析をしていく立場から理論化（本書第1章2節参照）している人はいますが，TATストーリィの全体を記号化していくという分析・解釈理論はありません（私は，そういう分析・解釈のための便利な記号化する方法は，TATの世界にはない方がよいと考えています。全体を記号化してある程度数量化して分析・解釈するならば，TATではなくロールシャッハ法を実施すればよいし，その方がはるかに優れていると感じています）。

　以下は私が，心理学科の3年生で心理臨床に関心を持ち始めた超

9

入門段階の学生に対して実際に行っている講義の方法とその内容です。実際に講義している口調で綴りました。そのため，研究者の名前も，私との距離感によって〇〇先生という風になったりしています。

第1節　TAT図版に出会い，図版を手に取る

　臨床心理検査は簡単には入手できないようになっています。臨床心理学を専門にしている大学の先生から，青い箱に入ったマレー版TAT図版を借りて下さい。

　2～3時間誰にも邪魔をされない，かつ気持ちが集中できる環境で筆記作業ができる机のある状況で，TATの箱から31枚の図版を裏にして出してください。図版はおもてに絵が描いてあります。うらには数字，または数字と記号が描いてあります。数字は1～20まで，記号はM，F，B，Gがあります。Mは，成人男性（Male）で，Fは，成人女性（Female）を表します。Bは少年（Boy），Gは少女（Girl）です。

　図版1の裏面には「1」，図版2には「2」，図版3は「3BM」と「3GF」の2種類があります。図版1は「1」というように数字のみの記載であるのは，成人男性，成人女性，少年，少女のすべてを対象とした図版という意味です。「3BM」はB（少年），M（成人男性）を対象とした図版という意味です。「3GF」は，G（少女），F（成人女性）対象の図版です。このように図版を対象者の年齢，性別によって選択して対象者に合った1から20までの図版を20枚選択します。16枚目の図版は白紙です。何も描かれていません。何も描かれていない白紙を見て，求められている課題作業をするのです。

　成人と少年少女の境界線年齢として，マレー（Murray, HA）は，14歳としており，14歳には成人版を提示していています（マレー版TAT図版の添付マニュアル，p.21参照）が，私は一般的には，17歳～18歳あたりを境界年齢の目安としています。もう少し具体的，

10　第0章　TATへの超入門の章

臨床判断的に言うならば，17〜18歳あたりの年齢の被検査者である場合，13MF（本書第4章を参照）を対象図版にした方がいいのか否かで判断している場合が多いように思います。

自分が検査対象者である場合の図版選択をして，その選んだ20枚を裏向きのまま上から1から20の順に揃えて積み上げておきましょう。TATの実施枚数については本書第1章5節にあるように，20枚の実施が基本です。私は初心者の段階においては，絶対に20枚TAT（Full-TATと言います）を心掛けるべきだと考えています。

第2節　自分のTAT反応（TATストーリィ）を採る

さて第2段階です。机の上に20枚の裏向きにおいた自分を検査対象者（被検査者）としたTAT図版，筆記用具とノートを用意してください。

これからは，図版1から順に図版20まで，1枚1枚おもてにして図柄をみて，自分のTAT反応（TATストーリィ）を記録していくのです。できれば頭の中だけで反応して（TATストーリィを作って）それを文字化するというやり方は，無意識的に文章を推敲するという作業をしてしまうものです。この推敲作業を最小限にするために，目の前にいる人に聞かせるように声に出してストーリィを語り，その自分の語りの声を聴きながら文字化した方がよいと思います。聞こえたままに文字化して下さい。

この「語り」と「筆記」という作業の前提となる教示（インストラクション）は，次のようなもの（本書3章2節参照）です。なお教示については，研究者（心理臨床家）によって，言いまわしはいろいろありますが，現在，過去，未来の順に主人公についてのお話を作るという部分は共通であると言ってよいと思います。唯一，現在〜過去〜未来という時間軸について言語表現上，例外となっているのは，この入門書でも紹介している山本和郎先生です。

「これから絵を見て，お話を作っていただきます。この絵に描かれているところはどういうところで，登場人物は現在，何を感じ何を考えているのでしょうか。さらにこの前の場面，過去はどのようだったのか。そしてこの後，将来，未来はどのようになっていくのかについて，私に語り聞かせるようにお話をつくってください。それでは，一枚目から始めてください。どうぞ」

　この指示に従って1枚ずつ，順番を間違えないで「語り」と「筆記」という作業をしていくのです。時間制限はありません。ノートへの筆記は1ページ1図版がよいと思います。20枚のTAT図版への反応が終わった後で，特定の図版への反応中に連想したこと（例えば，このストーリィを語りながら，中学生の頃のこういう出来事を思い出していた），ストーリィを作りやすかったとか，作りにくかったとかの感想などを，ノートの関連図版ページの下部にメモしておくとよい。

　この自分のTATストーリィを採るという作業は，TATについての知識を持たない段階，すなわち理論的勉強を始める前にやっておくことが望ましいと思います。

第3節　他者のTATを採る検査者となる

　さあ，第3段階です。

　今度は他者のTATを採る段階です。あなたが検査者で目の前にいる他者が被検査者です。そのために，被検査者になってくれる人を探さなければなりません。私はTATの講義演習の中で，この第3段階を実施する時に「頼めばやってくれる人は，家族とか恋人でしょうが，可能な限りその人たちを被検査者とすることは避けましょう。その近い人たちは関係性の中に心理検査データを持ち込むことが，特に望ましくない人たちだからです」と伝えます。

　「友人に自分が今，勉強している臨床心理学の実践的な勉強のた

めに，被検査者協力をしてほしいと率直にお願いしなさい」と学生に助言すると共に，心理検査実施に伴う臨床倫理的配慮について説明しながら，インフォームド・コンセント（本書第3章2節（6）参照）を得ることの大切さを伝えます。臨床的配慮というのは，心理臨床の場面において，心理臨床を提供する側が提供される側（クライエント）の主として『こころ』を傷つけたり，心理的負担・不安をかけたりしないように配慮することです。こういう配慮は，すべての臨床活動の基本となることです。

　ここで考えられる臨床倫理的配慮というのは，

・私の心理検査学習という目的のためのみに，TATを実施させていただくこと。
・可能ならば，記録を正確にするために音声録音をさせていただきたいこと。この音声録音させていただいたものは，文字記録に変換後は直ちに消去すること。
・心理臨床学習のためにスーパーヴァイザーから指導を受ける時には，氏名を匿名化するなど非連結のデータとして個人を特定できないようにすること。
・結果については，希望があれば現在の私にわかる範囲内でのみ，伝えることが可能であること。
・目的外使用はしないこと。
・TAT検査においては，発話中（TATストーリィ創作中）の時間測定が必要となっているためストップウオッチで時間測定をさせていただくけれど，気にしないでいただきたい。

　これらのことを丁寧に隠すことなく被検査者に伝えて，TAT検査実施について納得し，了解を得ることをインフォームド・コンセントと言います。

　以上の手続きを終えると，上記（第2節）における，教示（インストラクション）を，被検査者に向かって伝えて検査（被検査者の性と年齢に適した20枚）が始まることになります。

検査を実施する環境は，第1節でも触れましたが，視覚的にも聴覚的にも落ち着ける場所が望ましいでしょう。部屋の中での位置取りとしては窓がある場合は，被検査者が窓（光）を背にする位置が望ましいとされています。検査者と被検査者の位置関係についてはマレー以来，いろいろな考え方があります（第3章2節（1）参照）が，机の対面に座って向かい合うより，90度（机の隣り合う辺に着座）の位置関係が望ましいと思います。

TATストーリィを分析するために，可能な限り文字データにするため，聴きながら被検査者の目の前で記録をとることを事前に伝えて了解を得ておかなければなりません。また，図版ごとに作るTATストーリィの長さ，取り組み作業時間に制限はありません。

被検査者が作るTATストーリィの中で「わからない言葉」については，ストーリィを作り終えた後に，質問して確認（質疑，inquiry；本書第3章2節（3）参照）するとよいでしょう。TATストーリィを作っている心の流れを質問によって，可能な限り壊さないことは大切だと私は考えています。

記録は，TATストーリィを逐語的に記録するだけでなく，その時の被検査者の身振り，表情，行動等についても記録に残しておくことが望ましいでしょう。

●本論とは外れるが大切なこと

TATデータのみでなく，心理検査データの取り扱いに関わって，その性質と意味について，どう考えるべきかということに触れておきます。私は講義の中で，学生に次のように問いかけ，説明します。「今，皆さんが自分で採った自分のTATストーリィのデータを，私に提出してくれたら，来週までに簡単な解釈的コメントをつけて返しますと言ったら，多分，多くの学生が提出するでしょう。しかし，一度じっくりと考えて欲しいのです。皆さんは，私に自分のヌード写真を私に提出することができるでしょうか。できないし，しないと思います。心理検査データは，それと同じくらい極めて個人的な秘密にすべきものと考えて欲しい。心理検査データは『心の

14　第0章　TATへの超入門の章

ヌード写真』とも言えるものです」

　心理臨床家としての感性はこんなところからも，始まっていくと
私は感じています。

　第4節　TATの分析・解釈をする

　この分析・解釈の入口は，サインアプローチという手法を持つ
ロールシャッハ法より難しいと思います。マレーは，TATの分
析・解釈には精神分析学的な知識は基本部分として不可欠であると
言っています。現在のTAT解釈理論を見渡すと必ずしも，そうと
は言えませんが，私は必要であると考えています。

　まず，本書の〈第4章〉，〈第5章〉，〈第7章〉を読み進めて下さ
い。

　第4章は，31枚のTAT図版は，基本的にどういう心のあり方を
引っ張り出すのかというTAT検査の基礎となる情報・理論を羅列
的に網羅したものです。この図版ごとの基礎理論を知っていること
は，TAT分析の第1歩だと考えます。私は講義でも，1枚1枚につ
いて具体例なども含めて説明しています。TATの分析・解釈とい
う言い方を普通しますが，TATストーリィをいろいろな視点から
分析した後，その分析データを，その被検査者の全体像として構造
化する作業が解釈と言われるものです。この「いろいろな視点から
分析」する時の基礎的な分析データとなるものは，第4章の各図版
に関する情報・理論というフィルターによってすくい上げられてく
るものです。

　第5章の防衛機制（defense mechanism）とは，精神分析学的な心
理学，精神病理学においては基本的な概念であり，簡単には“自分
では対処しきれないような状況（刺激），自分を不安にさせる状況
から自分を守ろうとする無意識的な心の働き”と説明されます。フ

第0章　TATへの超入門の章　15

ロイト（Freud, S）は，不安に対する時に使う防衛機制の種類とあり方によって，神経症のタイプ（病型）を説明できると考えました。さらには3つの病態（神経症水準の病態，パーソナリティ障害水準の病態，精神病水準の病態）によっても防衛機制の種類とあり方は異なると考えたのです。心の病気を3つの病態水準で捉える考え方の概略を図示すると次のようです。

　この病態水準の考え方はフロイトの精神病理学の基本です。ですから，TATストーリィの中で，どういう種類の防衛機制を使っているかを捉えることにより，病態水準や神経症の病型を捉えることが可能になるという論理展開になります。

　この第5章は，こういうフロイトの基本的な考え方をTAT世界に持ち込むべく，ロールシャッハ法における小此木啓吾先生，馬場禮子先生，夢分析における鑪幹八郎先生らの理論を参考にしながら，私が，TATストーリィから防衛機制の種類や水準を捉えようとしたものです。

　しかし，例えば「抑圧」と「否認」の違い，さらには防衛機制と病態水準の関連などについては難しいのですが，小此木先生の説明（小此木，1987）によれば「抑圧はほとんど必ず否認と結びついています。抑圧と否認は表裏をなしていますが，自分の心の中のある考え，観念，表象を意識から追い払うのが抑圧です。ですから一番単純に言うと，忘れてしまうとか，思い出すまいとする。これに対して外界に起こっている現象，出来事の意味を見ない，分からないようにしてしまう，外界で起こっている事象の意味の読みとりに関して働く機制が否認です。一般に否認と抑圧は表裏をなして動きます。しかし，神経症は抑圧を出発点にした精神病理で，精神病は否認を出発点にした精神病理だというふうに，フロイトは分けています」と説明されています。

　原始的（一次的）防衛機制という用語がでてきますが，この原始的防衛機制というのは，神経症の防衛機制とされる抑圧，置き換え，反動形成，打消し等に対して，もっと重篤な病態水準（図1を参照）に見られる防衛機制（投影性同一視，否認，分裂，取り入れ等）のこ

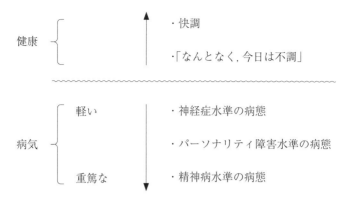

図1 3つの病態水準

とを原始的防衛機制と言います。本書5章においてはナンシー・マックウィリアムズ（Nancy MacWilliams）の立場から解離も原始的防衛機制に入れてありますが，これを原始的防衛機制に入れない立場をとることもあります。これらの原始的防衛機制は図1において，健康な人，神経症水準の病態の人たちのTATには現れてこないということになります。このような捉え方がTATを通して病理診断していくための，一つの視点になってくるのです。

　フロイトの「神経症および精神病における現実の喪失」（1924）は神経症と精神病の違いを明解に系統的に書いた論文として有名です。とても短い論文なので『フロイト著作集6』で一度，お読みいただけるとよいでしょう。

　第6章は，精神病理学的診断，臨床判断に関わることなので，『超』入門段階においては，とばして読んで下さい。TATを通して精神科臨床領域においてアセスメント（病名診断も含めて）をする際には，この6章に列挙してあるTATに現れる症状は重要な目安になります。この第6章が使いこなせるレベルになるのには，それ相当の精神科領域における心理臨床経験が必要であることを強調しておきます。

　この6章については，実際に第一線で臨床している人には違和感

はないと思いますが，精神科診断のテキストを見ながら，あるいは
DSM-5（2013年に発表されたアメリカ精神医学会の精神科診断のための
マニュアル）を見ながらという初学者にとっては，最近のマニュア
ルには載っていない診断名が一杯あると思います。そもそも最近の
精神科診断名には，私たちの日常生活においては一般的な「神経
症」という概念がありません。ですから「不安神経症」「ヒステ
リー」「神経衰弱」……という用語はありません。しかし，実際の精
神科臨床の現場においては，ある意味，昔ながらのこれらの精神科
臨床での診断概念も含めて，精神科臨床に関わる臨床家同士の共通
概念になっているものです。そのような事情があり，最新の診断マ
ニュアルにはありませんが，精神医学，精神分析，臨床心理学関連
の辞典類には最新の書物にも載せられております。ご参照され，精
神科臨床に関する基礎知識として"携帯"しておくべきことです。

　第7章は，TATストーリィをどういう視点で拾い上げ（分析），
その多面的な情報をどういう観点で構造化（解釈）していくのかを
説明した章です。その実際例が，第8章にありますので，第8章を
読みながら，第7章に帰って確認すると立体的，構造的に理解でき
るのではないかと思います。それを期待して書きました。
　その後に，これが一番重要だと考えていますが，TAT解釈に通
暁した"よいスーパーヴァイザー"の指導を受けて下さい。こうい
うスーパーヴァイザー体験なくして，TAT解釈を身につけ上達す
ることはできません。
　以上が，私が考える「TATへの超入門のための章」です。

　第9章，第10章，第11章は応用編であり，実際に心理臨床の仕
事に関わりながら，TATの勉強をしている心理臨床家のための章
です。
　第9章は，心理検査を被検査者（クライエント）にどう伝えるの
かという重要な問題について「フィードバック面接」という方法の
視点から論述したものです。単に心理検査結果を一つのデータとし

て伝えるだけではなく，心理療法関係の中でクライエントが自分を見つめる中で，TATからの情報を取り入れながら新たな自己像を修正しつつ作り上げていくということを試みる方法を提案したものです。

第10章では，テスト・バッテリーを論じたもので，心理学の歴史の中ではテスト・バッテリーいえば，性格検査と知能検査，質問紙形式の性格検査と投映法形式の性格検査というパーソナリティの異なる側面を捉えたり，質問紙形式と投映法形式のように異なった様式の道具でパーソナリティを捉えるという組み合わせ（バッテリー）が教科書的には常識でした。しかし本章では，やや挑戦的に投映法形式の心理検査のバッテリーがあり得るし，その有意味性について提案したものです。

第10章2節（1）においては，SCTとロールシャッハ法のテスト・バッテリーについて取り上げていますが，テスト・バッテリーのなかでは，日本において，現在に至るまで比較的よく使われてきた組み合わせだと思います。このSCTはSentence Completion Test（文章完成法）と言い，未完成の文章の一部を提示して，残り部分を完成させて，一つの文章にさせるものです。

例えば，「私は子どものころ」という文頭だけを提示して，文章の続きを記述してもらうのです。このSCTは歴史的には，言語連想テストから派生してきたものと考えられています。

言語連想的に被検査者の心が投映されるという意味で投映法的であり，かつ被検査者の内的・外的なものが簡便に捉えられる検査ということで使われることの多い検査です。私自身，TAT検査法の演習の入口で数時間使って，SCTをを取り上げ，佐野勝男・槇田仁ら（1960）のパーソナリティ評価の側面（知的側面，情意的側面，指向的側面，力動的側面），決定要因（身体的要因，家庭的要因，社会的要因）から，SCTを通してパーソナリティの全体を捉えるということを学習した後，TATの体験的学習に入っていくという方法をとっていた時もありました。

以上，本書の第1章から第8章の事例までの流れを超入門から入門へという流れとして，どう読むのか，その中で実際的にどう自己体験するのか，TATストーリィの分析・解釈をどう深めていくのかについて，私が実際に教室でこのテキストを使いながら講義する流れで進めてきました。この第1章の前に置いた「TATへの超入門の章」は，最初は本当に超入門段階の臨床心理学の初学者を意識して書き始めましたが，その流れの延長で第9章，第10章に触れ始めるあたりからは欲が出てきて，入門段階あるいは中級段階の学習者，心理臨床家も意識し始めて講義口調で記述し始めました。

　次の第11章は精神医学的診断が難しいと言われている双極Ⅱ型障害の軽躁を，ロールシャッハ法とTATをテスト・バッテリーとして使うことによって捉えることが可能になるということを明らかにしたもの（土屋マチ，2012, 2016）です。精神病理学的に関心を持っている読者には極めて興味深い章であろうと思っています。この章を読んで，双極Ⅱ型障害の特徴とされる「軽躁」は，クレペリン（Kraepelin, E）以来考えられてきた，「躁」の軽いものという考え方のみではとらえられないという"尽きぬ面白さ"を感じ取られるのではないだろうかと思います。

　この第11章については，投映法検査としては，TATより20年ほど先に完成提案されたロールシャッハ法が本書の中では突然に，ロールシャッハ法の分析法に関わる専門用語が飛び出してきます。「何の前触れもなく，突然何だ！　しかも名古屋大学法の用語とは！」と言うしかないタイミングで登場してきます。ロールシャッハ法については，クロッパー（Klopfer, B）の流れを引き継いだ片口法でも，ベック（Beck, SJ）の流れを汲んだ名古屋大学法でも，この頃，すごい勢いを持って蔓延してきたエクスナー（Exner, JE）法のどれでも勉強し始めていただくしかありません。テキストで勉強しているだけではわからないので，やはり手を取って教えてくれる人（指導者）を持つしかありません。心理臨床とはそういう世界

だと，私は考えています。

　この第11章は，極端な言い方をするならば，似た者同士の投映法であるロールシャッハ法とTATをテスト・バッテリーにすることによって精神医学の臨床において双極Ⅱ型障害の鑑別診断の困難性が叫ばれている中，鑑別診断の方法を学問的かつ臨床のレベルで提案したというTATの意味ある役割を知っていただきたいこと，欲張って言うならばTATの有能性を再確認して欲しいのです。

　読者の皆様のそれぞれの立ち位置に応じたTAT理解をしていただけたらと考えています。

　そういう意味で，TATの入門書であるにもかかわらず，著者である私たちは，この第11章を設定いたしました。

（注1）この第11章は，以下の2つの論文の中心部分を，この章のためにまとめ直したものです。

土屋マチ（2012）「ロールシャッハ法とTATを用いた双極Ⅱ型障害のアセスメント」心理臨床学研究，29, 739-749

土屋マチ（2016）「双極Ⅱ型障害のアセスメント——ロールシャッハ法，TATが捉える病態像の比較検討」心理臨床学研究，34, 173-183

（注2）第11章に登場するロールシャッハ法記号で名古屋大学式に特徴的な記号について説明しておきます。

〈Affective Symbolism　感情カテゴリー〉

　Hostility　敵意感情

　Anxiety　不安感情

　Bodily Preoccupation　身体的関心（解剖学的な性質をもつ反応で，身体内部に向けられた自己愛的な感情）

　Dependency　依存感情

　Positive Feeling　快的感情

　Neutral　中性感情

　Miscellaneous　その他

　Total Unpleasant　敵意，不安，身体的感情の3つの感情を合

わせたもの

Definiteness　ブロットへの細かい特徴へのこだわりにより，特殊な限定づけをするもの。Overdefiniteness Definiteness よりも強く限定づけられ，作話的な反応となるもの

Changed response　基本的概念が変化してしまう反応

Secondary addition　反応が質疑段階で近接領域に拡大包摂され新しい概念が形成される

Arbitrary thinking　恣意的思考

Symmetry remarks　左右対称性を強調した反応

Fluid　質疑に伴って，反応が流動的に変わっていくもの

Modified response　基本的概念は変わらないが，反応が修飾されていくもの

Fabulization response　作話反応

推薦書として『ロールシャッハ法解説：名古屋大学式技法』金子書房，2018 があります。

文献

フロイト（1924）神経症および精神病における現実の喪失／「フロイト著作集 6」人文書院

小此木啓吾・馬場禮子（1987）精神力動論／小此木啓吾監修「精神分析セミナーⅣ　フロイトの精神病理学理論」岩崎学術出版社

佐野勝男・槇田仁（1960）「精研式・文章完成法テスト解説──成人式」金子書房

鑪幹八郎（1998）「夢分析と心理療法」創元社

第1章　TATへの誘い

　この章は，「TATに関することには，こんなことがあります」という学問的な話から四方山話的なことまでを羅列することによって，魅惑的なTAT世界に関心を持っていただけるように誘うことを目的としたものです。

　いろいろな心理検査法の中でTATに対して，「施行時間がかかる」「解釈に時間がかかり過ぎる」「解釈に一定の方法がなくて難しい」等の理由で公平な評価が下されなくなっている最近の状況があります。この状況を心理臨床のために，心理アセスメント学のために，しっかりと見直してほしいとの立場から，この「TATへの誘い」の章を設定しました。

　この本を手に取ってくださった方の「臨床する心」「学問する心」に対するひとつの刺激になれば嬉しく思います。

第1節　TATを通して，被検査者の「主観的体験に寄り添う」——それは精神病理学，精神医学への架け橋となりうること

　松本卓也（2018）は，「精神病理学とは，患者さんの言葉を丁寧に聞き取り，そこにあらわれてくる現象の特異性を，（時にはほんの少しだけ哲学や思想の言葉を借りながら）取り出そうとする営みのことなのです……患者さん……が発している言葉を，すぐさま『身体（脳）』の異常に還元してわかろうとしたり，その反対にすぐさま『こころ』に還元してわかろうとしたりする態度は，彼らの言葉に虚心坦懐に向きあっているとは言えません……精神病理学が目指すのは，患者さんの主観的な体験に寄り添い，それに言葉を与えていくための手助けをすることに他なりません」（アンダーラインは筆者）。

　この松本の言葉に見られる構えは，TATストーリィに向かい合

う私たち臨床家にとって基本的に必要なあり方であろうと思われる。TATプロトコルにある言葉（単語，フレーズ）を通して表現される被検査者の心のあり方，気持ち，考え方を感じて読み取っていこうというのがTATの分析解釈の基本であろうと私は考えている。すなわち，TAT臨床に必要なことは，このように被検査者の「主観的体験に寄り添う」ことである。

　私は，この松本がいう「患者さんの主観的な体験に寄り添う」ことを大切にする観点を分析方法として持ちうる心理検査法の最右翼にくるものがTATだと考えている。

　TATとよく比較に出されるロールシャッハ法の代表的な分析方法であるサインアプローチについて考えてみたい。

　一つの例であるが，ある図版を見て，「子犬」と反応する，また「ライオン」と言う，また「蚤（のみ）」という。これらの反応内容は，被検査者にとっての主観的意味合いはかなり異なるであろうと思われるが，いずれもサインアプローチによる分類記号では，Animalの『A』と分類スコアリングされる。

　そして極端な言い方であるが，「A反応がいくつあるのか。反応全体の中でA反応は何％ある。それゆえにこういう傾向があるのではないか」という見方になっていく。こういう抽象の方向によって，その被検査者の特徴をわかりやすく浮かび上がらせる側面があることは確かである。しかし，このあり方は個人的なユニークな意味合いを無視した上で，上述の松本が言うところの“すぐさま「こころ」に還元してわかろうとする態度”に近いと言えそうである。

　このように記号（サイン）に置き換えていくという方法論としての“ある種のあらさ”とシャープさよりも，ロールシャッハ反応を反応の流れ，系列，継起から理解していくことこそを重視する立場をとる臨床家が多くいることは理解している。

　方法としてのTATは，「主観的体験に寄り添う」ことに関しては極めて親和性が高く，「精神病理学的理解」への重要な方法論の一つである。

第2節　TATはサインアプローチをしない方法であるということ

　私は大学で長いこと，ロールシャッハ法の基礎を半期で，TAT の基礎については通年で教えてきた。この期間の違いは，偶然にも，それぞれの図版の枚数に比例しているし，ロールシャッハ法には，スコアリング・システムがあることに関係がある。スコアリング・システムがあることに分析・解釈の基本が教えやすいのである。しかし，このことには二面性がある。ロールシャッハ語はものすごく単語数が少ないため，「翻訳」・分析にあたっては，初学者は結構苦労する場面がしばしば見られる。この後，翻訳されたロールシャッハ語を主として量的に分析していくわけであるが，この段階のロールシャッハデータには，第1節で述べた「被検査者の主観的体験」のかなりの部分が脱落してしまっている。名古屋大学式のスコアリング・システムには，感情カテゴリー（Affective Symbolism）があり，敵意感情，不安感情，身体的関心，依存感情，快的感情，その他の感情，中性感情に分類しスコアリングする。この感情カテゴリーでのスコアリングにより，主観的体験の中の感情という側面をある程度捉えることを可能にしている。

　このように反応を記号化し分類し，量的に捉えるという分析方法を主とするロールシャッハ法と違い，TAT においては「スコアリングして量的分析することを基本的にしない」という特徴をアセスメントの弱点，ネガティブな側面と考えるのではなく，すぐれた側面になっていると考えることが大切である。

　しかし，TAT には量的分析に繋がるスコアリング・システムがないのではなく，パーソナリティの特定の側面を捉えるためのスコアリング・システムが，いろいろ提案されてきているのが現状である。

　ジェンキンス（Jenkins, SR, 2008）の *"A Handbook of Clinical Scoring Systems for Thematic Apperceptive Techniques"* という

794ページからなる本の第1章において，序論として編者のジェンキンスが，Why "score" TATs, Anyway? というタイトルで36ページほど記述しており，その中で16のスコアリングマニュアルを紹介している。パーソナリティのどういう領域部分を捉えようとしたものであるかを見ると，次のようである。

●知覚−認知的な部分を捉えるもの：5
●心理力動的な部分を捉えるもの：6
●対人関係，情緒的な部分を捉えるもの：3
●欲求関連を中心にした部分を捉えるもの：2

　日本においては，代表的なものとして，鈴木睦夫（2012）の関係相（かかわりの様相）を捉えようとするカテゴリーがある。関係相を大きく7つに分類して，21のカテゴリーに分類し捉えようとするものである。

　ここで紹介した17のスコアリング・システム，心の特定の領域の特徴のあり方についてスコアリングすることによって，量的客観的に捉えようとするシステムである。これらは1980年代半ばから90年代初期にかけて，ウェッステン（Westen, D）らの研究グループがTATを通して，境界例の対象関係と社会的認知を捉える対象関係尺度を開発したスケール（赤塚，1994, 1996, 2008で紹介）と同様に，TATプロトコルの客観的把握を目指したものである。

　これらは，あくまでパーソナリティ全体を量的に捉えようとするものではなくて，パーソナリティの一側面のあり方を量的に捉えようとしているものである。しかし，この場合においても，そのパーソナリティの側面を「わかりやすく」量的に表現してしまったことにより，捉え落とした側面が必ずあることを心理測定論者ではない心理臨床家ならば忘れてはならない。

　ジェンキンス（2008）を見ると，スコアリング・システムを通してTATプロトコルにアプローチするという一つの流れを感じざるを得ないが，あらためて山本和郎（1992）から引用する。

「気になるのは，ＴＡＴ物語の分析が形式的側面に傾くにつれ，ますますロールシャッハ的分析の形をとりだしたことである。ダーナ（Dana, 1954）の形式分析のアイディアが，ワトキンスら（Watkins & Stauffacher, 1952）のロールシャッハ検査における病的思考の指標からきているように，ロールシャッハ検査の分析方法とほとんど同じになってしまっており，ＴＡＴ本来の使い方から遠くなってしまっていることである。もしＴＡＴを分類診断の目的に使うために，ダーナのように形式分析だけに固執するのなら，ＴＡＴを使わずにロールシャッハ検査を用いた方がよいように思える。そして，ベラック（Bellak, 1954）の言うように，"ＴＡＴの持ち味は内容分析にある" という主張にもう一度たちかえりながら，その内容に対して語り手の主体がどのような形式特性で処理しているかを考えるべきだろう……ＴＡＴ物語の中で出現する欲求や衝動，感情や価値観，外界からの圧力がどのように語り手の中で処理されているのか，つまり，かかわり方に注目した解釈を行うことが，その語り手らしさの世界を理解する道であると考えられる……マレー自身もＴＡＴに対して……彼の関心は，人それぞれの生き様の世界であったのである」

第3節 「ジャングルの匂い，湿り気」を捉えるＴＡＴ ということ

マレー（Murray, HA, 1951）は，1950年のアメリカ精神医学会総会において，投映法技法（projective techniques）が取り上げられたことに触れ，ＴＡＴがどのように活用できるのかについて論じている。この論文の中で，ＴＡＴは隠された心理過程（抑圧されている心のあり様と葛藤と抵抗）を探査するのに巧みな道具となると言い，ＴＡＴの分析・解釈に当たっては自由連想，夢分析等に関する知識が重要であるなど，精神分析学を学んでいることの必要性にも触れている。

ラパポート（Rapaport, D, 1950）は，1950年パリ，ソルボンヌ大学での第1回・世界精神医学会において，精神科臨床における診断

第1章 ＴＡＴへの誘い　27

的心理検査の必要性について論じた。その中で，ジャングルのような病理学に道を切り拓いていくためには，診断的心理検査（ここではロールシャッハ検査，TAT，ウェクスラー・ベルビュー・スケール，連想検査，SCT 等を挙げている）が必要であるとの考え方を示した。ラパポートが言う"ジャングルのような病理学"へのアプローチ方法については，松本卓也（2018）は，「患者さんの主観的体験に寄り添う」ことが重要であるといい，松本雅彦（1996）は，精神病理学については，とりあえずの定義として「コトバを通して病める心のありようを《わかろうとする》学問」としている。ジャングルの規模とかいうような客観的なありようについては，例えばロールシャッハ法が TAT 情報を上回り，わかりやすく整理された検査情報を提供してくれるであろう。しかし，ジャングルに漂う空気の匂いとか肌に触れる感覚のように主観的なものについてはどうだろうか。これらについては，TAT プロトコルの中に被検査者の生々しい主観的体験の機微に迫る情報が，他の心理検査と比較して，より捉えやすいあり方で散在している。

　このような理解は，対象者（被検査者）のコトバのニュアンスを一定の意味的枠組みを持ったスコアリングに置き換えて『標準語』にするのではなく，どこまでも語り手（被検査者）が語った TATストーリィをそのコトバのニュアンスを通して理解しようとするTAT プロトコルの分析・解釈態度こそが，ラパポートのいう病気というジャングルの中にいて，病者（被検査者）が感じている『ジャングルの匂い，湿り気，何とも言えぬ不気味さ』等を感じ取り，読み取れるのではないだろうか。

　TAT の世界では言い古された言葉であるが，シュタイン（Stein, MI, 1955）が "The Thematic Apperception Test" の初版において述べている，「人格の構造とその構造の上の肉付き具合（the flesh with which to embody it)」の「肉付き具合を捉える」のが TAT である。この「肉付き」とは，雰囲気とか印象とかのような感覚的なものなのであろう。

第4節　TAT図版成立の背景および，マレーの原法に思いを馳せる

　マレー（1943）は，マニュアルの最後の部分において，31枚の各図版はどういう背景の中で作られたのかを簡潔に説明している。例えば，最も有名な〈図版1〉については，マレー（1943）のマニュアルにおいては，"drawing by Christiana D. Morgan" とされているが，*A Pictorial History of Psychology*（1997）の中の "A True TAT Story" という章において，J. ヤーンケとWG. モルガン（Juergen Jahnke & Wesley G. Morgan）がCD. モルガン（Morgan, CD）が描いたとされる図版1の原画をさぐりあてている。それは，あの神童ヴァイオリニストのユーディ・メニューイン（Yehudi Menuhin）が，13歳頃撮影され，それが写真誌に掲載されたものであるという。確かに，その写真と図版1は並べてみると極めてよく似たものである。このようなことは，原典考証としての文献学，書誌学的なことに関心のある人には興味尽きないことであろう。

　次に，マレーのTAT実施法については，*Thematic Apperception Test Manual*（1943）と，それに先駆けるハーバード臨床心理研究所での人間性探究を多面的に展開した研究をまとめた *Explorations in Personality*（1938）に詳しい。この研究所での人間性探究研究において何回かの面接，自由連想，心理学的テストを研究計画に組み込んでいるように，マレーの研究においてはフロイト（Freud, S）の精神分析学の影響が極めて強く見られている。実際に，アレキサンダー（Alexisander, F）から教育分析をうけるなどしており，精神分析学をしっかりと身につけていた。

　それは「幼児期の経験にさかのぼって現在の事象を理解しようとした試みのみならず，禁止された無意識的な傾向を強調する点では，われわれの研究は精神分析学者の関心と密接に結びついている」という人間性探究研究に関する叙述（1938）にも現れている。

　被検査者は落ち着ける椅子に座るか，カウチに身体を伸ばした状

第1章　TATへの誘い　29

態で，できれば被検査者の背後に検査者が位置するというのが望ましいという検査状況を設定した。ちなみに，対象年齢としては，4歳以下には適さないと考えていた。

　マレーは，人間性探究研究において被検査者が作った物語は，主に次の4つが出どころであるとしている。①本とか映画　②友人や家族の者が関係していた実際の事件　③被検査者自身の生活での経験（主観的なもの，客観的なもの　④被検査者の意識的ないし，無意識的空想。以上のいずれかが背景となってTAT物語が生成されると考えたのである。

　マレー（1943）の実際の教示（instruction）を紹介する。

マレーの教示

　マレーは教示にあたり，〈普通以上の知能の青年や成人向き〉と〈子ども，学歴の低いまた知的に低いおとなや精神病者向き〉に分けているが，ここでは〈普通以上の知能の青年や成人向き〉の場合の第1系列，日にちを改めて実施する第2系列における教示を紹介する。

　第1系列に対して：“これは，知能の一つのあり方である想像力のテストです。あなたに何枚かの絵を1枚ずつ見せます。あなたは，それぞれの絵についてできる限りドラマティックな物語を作ってください。何があって，この絵に描かれている出来事のようになったのか。今，何が起こっているのか。登場人物は何を感じ，何を考えているのか，心に浮かんできたままの，あなたの考えを話してください。わかりましたでしょうか。10枚の絵について50分の時間がありますので，それぞれの物語に約5分の時間を使うことができます。これが最初の絵です”

　第2系列に対して：“きょうのやり方は，以前と同じです。ただ今回は，あなたの想像にまかせて自由に話してください。最初の10枚の物語はよくできておりましたが，ほぼ日常生活のできごとに限られておりました。さあ，今度は日常的な現実にとらわれないで，神話，おとぎ話，たとえ話のように，あなたの想像のままに任せたらどのようなものができるのか知りたいのです。これが最初の

図版です"

とくに第2系列の No.16 の図版については，次のような特別な教示をしていた。"この白い図版の上に見えるものを見てください。そしてそこに何らかのイメージを心に描き作り上げてください。そして，それを私に詳細に描写してください" この段階で，まだ被検査者にとりうまくいかない時には，さらに "目を閉じて，何かを心に描いてください。そしてそれを，私に語ってください" との追加教示をすることにしている。

第5節　20枚の Full-TAT ということ，
　　　　時間がかかるということ

ラパポート（1968）は，20枚実施が望ましいが，時間がなくてすべての TAT 図版（full TAT）ができない時には，ある程度の図版は省略してもよいと考えている。この考え方は現在でも基本となっている。

ベラック（Bellak, L）は，シュナイドマン（Shneidman, ES, 1951）の企画した TAT の著書の中で「通常10枚の図版を使う時においてでも，その患者さんに合ったもので，また私にとってこれでなければならぬというものを選んで実施している」と言っているように，ベラックは必ずしも全図版を使っていたわけではないことがわかる。

ハートマン（Hartman, AA, 1970）は，アメリカの170名の心理臨床家に「もっとも一般的に使用でき，臨床的にはもっとも生産的であり，臨床的および人格理解に有用なデータを提供する図版はどれか」と問いかけ，その回答を整理して，基本 TAT セット（Basic TAT set）を提案しており，1，2，3BM，4，6BM，7BM，8BM，13MF の8枚を挙げている。

この章の第4節で述べたように，第1系列（1 ～ 10），第2系列（11 ～ 20）という捉え方は，マレーに発する考え方であるが，シュタイン（1955）も被検査者の疲労や生産性の低下を防ぐために，二つの系列に分けて実施している。ラパポートも，平均的なプロトコ

第1章　TAT への誘い　31

ル量を生産する被検査者に対して，一続きの1セッションの中で実施すると，かなり疲れてストーリィは，平坦で味気ないものになってしまうので，可能ならば2セッションに分けて実施するのが望ましいと考えている。

この第1系列と第2系列という実施の仕方は，最近ではほとんど取り入れられていないと言ってよいであろう。しかし，検査状況とか被検査者の状況によっては，2セッション実施という実施方法の取り入れを検討する意味はあると思われる。

20枚実施ということについては，臨床心理学的アセスメントという視点から考え，なおかつ時間的に可能ならば，最大限の情報を得るためには20枚実施（full TAT）が望ましい。しかし，一つの考え方として，私は「TAT　処方」とでもいう考え方も取り入れていくのが，現実的，臨床的にはありうると考えている。すなわち，臨床の場の中で相手（クライエント）の主訴，年齢，予想される問題背景等との関係において，相手の状態に合わせて薬を処方するように，必要な図版を選択（処方）するのである。

図版選択（処方）するためには，ベラック（1971）が stimulus value of the TAT とか stimulus pull という概念で表現し，クレイマー（Cramer, P. 1996）が card pull と言っていることを背景に踏まえている必要がある。card pull という概念は，図版により引き出される（pull）もの，引き出される TAT 物語が違うということである。たとえば両親〜子ども，または家族関係の物語は，図版1，2，6BM，6GF，7BM，7GF により，引き出されやすく，異性関係は，図版4，10，13MF で引き出される。攻撃性は図版3BM，8BM，11，12M，13MF，18GF で引き出され，抑うつ（depressive ideation）は3BM，3GF，9GF，12BG，14，15，17GF で引き出されるとクレイマーは言っている。

最後に，TAT 実施に要する時間について私の実感を言うならば，ロールシャッハ法の場合は誘導尋問にならない繊細で丁寧な質疑（inquiry）が不可欠であることを考えると，full TAT で TAT 実施をしてもほとんど所要時間は変わらないものである。

第6節　ナラティヴという視点

　次の2冊のTATのテキストの書名にNarrative, Storytellingという単語が入っているように，TATとNarrative，Storytellingの意味するところは重なり合っているものである。

Cramer, P.（1996）Storytelling, Narrative, and the Thematic Apperception Test
Teglasi, H.（2010）Essentials of TAT and Other Storytelling Assessment

　モーガン（Morgan, A, 2000）は，ナラティヴ・セラピーにおいて，ストーリィとは，

・出来事が
・（過去，現在，未来の）時間軸上で
・連続してつなげられて
・プロットになったもの

であると言い，さらに「私たち人間は，ものごとを解釈する生き物です。日々いろいろな出来事を経験し，そこから意味を見出そうとします。私たちの人生のストーリーは，いくつかの出来事が時間軸上で，特定の順番につなげられることによって，そして，それに意味を見出したり，それを説明するための方法が見つけられることによって，創造されます。また，この意味によって，ストーリーのプロットが形作られます。私たちは，人生を生きる時，経験に意味を与え続けているのです。ナラティヴは，出来事をつむぎ，ストーリーを形作っていく糸のようなものなのです。私たちは誰でも，人生や人間関係についてのストーリーをたくさん持っています」と述べている。

　森岡正芳（2015）によれば「ナラティヴという言葉は，日常使う

第1章　TATへの誘い　33

言葉としては，物語やストーリー，語りとほぼ重なる」と説明した
後で「ナラティヴとは，プロットを通じて出来事が配列され，体験
の意味を伝える言語形式である」と定義づけ，「日常の生活の現実
というもっとも明白な根拠となる現実があるが……現実を生きる私
の主観が関わると，ときに様相を変えていく。むしろ主観を抜いて
現実がどこに存在するのかという問題も含めて，問いかけようとす
るのがナラティヴの視点である……個人の生きることの多様性に入
り，個人の生活の支えとなる潜在した知恵を引き出し，人と共有す
る形にする。その方法論的視点がナラティヴである」としている。

　また森岡は，ナラティヴでは「体験された出来事が選ばれ，筋立
てられる。出来事のエピソードがいくつか選びつなげられ，今に至
る過程が描かれる。事のはじまりがあり，変転を経て，ある物語に
はかならず結びがある。出来事の意味は，感情を強く帯びることも
ある。一方で，出来事のつなぎ方，すなわち筋立てには，それほど
多くのパターンはない。自由に選べるものではない。今ここで誰に
語るかという場面の拘束力が強いからである。時間経過を描くこと
が体験の語りと切り離せないことを考えると，過去のある出来事を
原因として，今の状態はその結果であるとする筋立てが基本である。
生活の場ではこのような原因・結果を筋立てるストーリーが圧倒的
に有力である」と考える。

　ナラティヴを心理療法に展開する視点として，森岡は「臨床場面
での病気や障害の体験への意味づけは，たんに個人的なものではな
く，聞き手との会話のもち方，関わり方によっては，個人的な意味
を超えた重層的なものに変化する。ナラティヴの心理療法的な特徴
はこのような働きを積極的に使うことにある」と言う。この考え方
は，TAT を心理療法と結びつける，山本和郎（1992）のフィード
バック面接に通じるものであると思われる。

　このように考えると，TAT ストーリィは，ナラティヴそのもの
であるといえよう。

文献

赤塚大樹・豊田洋子（1994）「Westen, DのTAT解釈理論に関する研究」愛知県立看護短期大学雑誌，第26号

赤塚大樹（1996）臨床アセスメント／赤塚大樹・森谷寛之ら「心理臨床アセスメント入門〜心の治療のための臨床判断学」培風館

赤塚大樹（2008）「TAT解釈論入門講義」培風館

Cramer, P（1996）Storytelling, Narrative, and the Thematic Apperception Test. Guilford

Hartman, AA（1970）A Basic TAT Set. Journal of Projective Techniques and Personality Assessment, 34, 391-397

Jenkins, SR（2008）A Handbook of Clinical Scoring Systems for Thematic Apperceptive Techniques. Routledge

松本雅彦（1996）「精神病理学とは何だろうか」星和書店

松本卓也（2018）「症例でわかる精神病理学」誠信書房

森岡正芳（2015）「臨床ナラティヴアプローチ」ミネルヴァ書房

Murray, HA（1938）Explorations in Personality. New York; Oxford ／外林大作訳編「パーソナリティ」誠信書房

Murray, HA（1943）Thematic Apperception Test Manual, Harvard College

Murray, HA（1951）Uses of the Thematic Apperception test. The American Journal of Psychiatry, vol.78

Rapaport, D（1950）The theoretical implications of diagnostic test procedures. Congres International de Psychiatrie. PARIS

Rapaport, D（1968）Diagnostic Psychological Test International Univercities Press

Shneidman, ES（1951）Thematic Test Analysis. Grune & Stratton

Stein, MI（1955）The Thematic Apperception Test（Second Edition）. Addison Weslet

鈴木睦夫（2012）「絵解き法（TAT）のすすめ〜新たな分析・解釈法の導入」中京大学心理学研究科・心理学部紀要，第12巻第1号

Teglasi, H（2010）Essentials of TAT and Other Storytelling Assessment Wiley

山本和郎（1992）「心理検査TATかかわり分析」東京大学出版会

第2章　臨床判断学としての心理アセスメント

　赤塚（1996）は，「心理臨床アセスメント入門〜心の治療のための臨床判断学」のまえがきの中で，……常に自分の専門性をかけた判断を迫られている状況とそれを受けとめる責任性の高さが……臨床家をつくる……心理臨床家が特に大切にしているヒューマニスティックな態度とともに，自分が引き受けたクライエントを，責任をもって臨床判断するということをしているのであろうか。そして，その臨床判断に基づいてサイコセラピィを引き受けているのだろうか……クライエントを観察すること。面接すること。そこから得ることのできる情報には，どんなものがあるのか。情報を捉える時にはアセッサァの側に判断軸が必要になること。十分に使いこなしている心理検査は，臨床判断のための重要な情報を与えてくれる……と書いた。

第1節　サイコセラピィを前提としての臨床判断学

　ラザラスら（Lazarus, RS et al. 1979）は，アセスメントには次の2つの意味があると言っている。

　①アセスメント対象者の単一の特性，能力の測定
　②対象者の「全」人の記述と評価

　臨床の場で，クライエント，被検査者に向かいアセスメントする時に，アセッサァである心理臨床家には，サイコセラピィを必要としている"不健康，不適応，病気の部分"を捉えるという側面（通常は上記の①を指す）とそうでない部分，すなわち健康な部分，適

応的な部分を捉えるという広い視野が重要になってくるということである。サイコセラピィ（自らが担当するか，しないかに関わりなく）を前提とした時に，この健康な心の部分を知ることが，とても重要になる。

　精神分析療法で言う作業同盟（working alliance）という概念は，これは治療者（サイコセラピスト）の自我と患者（クライエント）の全体的には弱まってはいるが，病的ではない健康な自我の部分とが同盟を結び，この同盟を基礎においてサイコセラピィという心の作業をするということである。クライエント，被検査者の心の健康な部分のアセスメントは必須なこととなってくる必然性がある。

　この健康な心の部分とは，TAT で言うならば，例えば "どれくらい広い時間軸（過去〜未来という時間軸）" が持てているのか，"自分の課題認識はどのようか" "どういう状況において，温かさのある対人関係をどのように持てているのか" "自分を取り巻く現実認識に大きな歪みがないかどうか" "意欲的であるか否か" "フラストレーション・トレランスはどうか" などが考えられる。

　このように考えてくると，ラザラスらの言う②の対象者の「全」人を記述，把握するという作業（当然，この作業の中には①を含んでいる）には，いろいろな臨床情報を組み立て，総合・構造化するという『臨床判断学』が求められることになる。

第2節　臨床判断に重要な情報を提供する 心理検査法によるアセスメント

　コーチン（Korchin, SJ, 1976）は，「臨床アセスメントとは，有効な諸決定を下す際に必要となる患者についての理解を臨床家が模索していく過程をさす」と定義している。（「心理臨床アセスメント」という用語に関してはテスト・バッテリーに絡めて，第 10 章において詳細な検討を深めているので，参照されたい）

　小川俊樹（1991）が，シュレジンガー（Schlesinger, IIJ, 1973）の考え方，"患者と臨床家の相互作用のプロセスは，診断のプロセスで

もあり，心理療法のプロセスでもある"を紹介しているように，私たち心理臨床家はアセスメントという側面と心理療法という側面を同時にあわせもっている。それゆえに，クライエントについて，時機を逸することなく臨床判断をしなければならない。

　臨床判断学という時，それは精神医学モデルにおける『臨床診断学』ではなく，心理臨床学を拠り所とした『臨床判断学』でなければならない。それは，厳然たる science であり，かつ art でもあるというものなのであろう。

　小谷英文（1993）は，シャーロック・ホームズの推理の腕をプロとしての探偵の専門性の中核に位置づけ，心理臨床家においても「推理の学」がその専門性の中において重大な位置を占めていると言う。ここで小谷が言う「推理の学」は「学」と言うからには，「当て推量」とは違い，十分な判断材料をもった上での総合的判断に基づく推理であり，まさにそれは，science であり art というに相応しい。

フロイト（Freud, S. 1937）が，「分析技法における構成の仕事」の中において，次に引用したように論じている。

……考古学者は，のこされたまま放置されている城壁の残骸からその建造物の壁を築き上げ，床の窪みから列柱の数と位置を決定し，廃址の中に発見された残骸からかつての壁画の装飾や壁面を再構成するのであるが，分析医が被分析者の記憶のかたまりや連想や自ら進んで表現した言葉から推論をひきだす時には，ちょうどそれと全く同じことをやっている……分析医は一部分の構成を完成すると，それを被分析者に話して，それが彼に働きかけるようにする。それから，また新たに流出してきた素材から次の一部分を構成し，それをまた同じ方法で処理する。そして，こういう作業の転換を繰り返しながら終了に達する……

　ここでフロイトが言っている再構成の仕事は，心理臨床家に必要な「推理の学」のことであると思われる。情報の単なる加算的構成ではなく，各要素から再構成するという仕事であり，私たち心理臨床家に必要な臨床判断学の具体的中身である。

この節の冒頭でテスト・バッテリーに触れたが，プロとしての「推理の学」「再構成の仕事」が遂行できるためには，単体としての心理検査を使いこなせるばかりではなく，テスト・バッテリーの形で単なる加算・合算ではなく，乗算的思考で「推理の学」「再構成の仕事」がきることが，『臨床判断学』の実践に近づくことではないだろうか。

　そのためには『臨床判断学』のベースに，science としての基盤があることは必須条件ではあるが，art 的な思考，感性を捨象してはならない。

文献

赤塚大樹（1996）「心理臨床アセスメントの序文」／赤塚大樹・森谷寛之ら「心理臨床アセスメント入門～心の治療のための臨床判断学」培風館

小川俊樹（1991）心理臨床における心理アセスメント／安香宏ら編「臨床心理学体系 5」金子書房

小谷英文（1993）「ガイダンスとカウンセリング」北樹出版

フロイト，S（1937）分析技法における構成の仕事／小此木啓吾訳（1983）「フロイト著作集 9　技法・症例篇」人文書院

コーチン，SJ（1979）／村瀬孝雄監訳（1980）「現代臨床心理学」弘文堂

第3章　TATという方法

第1節　「物語」と「投映」ということ

(1) 自己についての物語

　私たちは自己についての物語をもっており，それぞれ自分の物語を生きようとしている。しかしこれは，あらかじめ私たちに生まれつき何らかの物語が与えられていて，その物語の筋に従って生きているということではない。私たちが生きている軌跡そのものが物語であり，その瞬間，瞬間を生きながら私たちは自分の物語を創造していると考えるのがよい。

　河合隼雄（2001）は「心理療法を受けに来談する人は，何らかの意味で，その主体性や総合性をおびやかされている人と言っていいだろう。したがって，その意識の在り方を改変してゆくことが必要になるが，そのためには，その人の意識と無意識の関係をよく知り，また，それを調整してゆくことをしなくてはならない……（クライエントは）自分で勝手に標準物語や理想物語にとらわれてしまって，身の不幸を嘆くことになる。あるいは，まったく自信をなくしてしまったり，劣等感に悩まされたりする。それに対して，心理療法家はクライエントが独自の物語を創造できることを明らかにし，その道を進むことを援助する」と述べている。

　藤山直樹（2004）は，「人間の症状や病理や人格は，その個人が事実としてどのような経験を持ったかよりも，その個人の体験したパーソナルな体験と，その体験をどのような物語として自分に対して物語るのかによって規定される可能性をフロイトはつかみ出したのである。物語とは語る主体と語られる主体とを必然的に要請する概念である。フロイトが問題にしたのは，個人が自らにどのような物語を語っているか，ということであった。そして，自分に物語る

物語を問題にすることは，いわゆるナラティブ・アプローチの特徴とされている……」と言う。心理臨床においては，クライエントの「自己についての物語」を取り扱う。そのためにはクライエントが語る物語を聴くことが，大切な仕事になる。

　森岡正芳（2002）は，「……語り手が自分自身のことを物語るとき，かならずしも一人称で語るとはかぎらない。私を三人称で語る，すなわち，「私」を「彼」として，自己を他者として立てた方が語りやすい場合がある。物語にはかならず聞き手が必要である。現在目の前にいる相手を聞き手にしながら，自己の内面に聞き手を設定していることがある」と言っている。

　臨床の場における物語ということを考える時，TAT 物語とは，二人の関係性の中で，TAT 図版という刺激を媒介にして，クライエント（被検査者）が自分の未だ語られていない物語，今まさに生きている物語を，あるいは生きてきた自分の物語を語ったものであると言えよう。すなわち，TAT 物語は，一つの「自己についての物語」と位置づけてよいであろう。この TAT 物語は刺激図版のもつ客観的・外的刺激と物語を語る人の主観的・内的事実との二つの間に存在する空間において成立し，創られるものなのであろう。森岡（2002）は，自己の体験が一人称で語られる時，それを「自己物語（self narrative）」と名付けている。

(2) 投映

　TAT においては，被検査者がどう感じ，どう考えるかという「体験されている世界」を，すなわち「自己についての物語」を正面から取り上げることになる。TAT 図版の客観的な刺激特性に被検査者の物語自己を背景においた主観的な体験を重ね合わせていく。このように客観と主観が重なり合った世界，客観的世界を主観的な体験というフィルターで掬い上げたのが TAT プロトコルという形で表現された"語り手の投映の世界"である。この投映というメカニズムを通して，TAT 物語に現れる主観的色彩に富んだ TAT プロトコルは，分析・解釈する段階において自然科学的モデルのフィ

ルターをくぐらせると，その素晴らしく意味ある部分を捨ててしまうことになる。

　この意味ある部分を捨ててしまうことになる例を2つ挙げる。例えばロールシャッハ法におけるサインアプローチという量的処理のような分析・解釈方法のみでは，TAT物語という豊かに味のある情報を捉えきれないということである。

　もう一つの例を，トムキンス（Tomkins, SS, 1947）から紹介する。トムキンスはTATプロトコルにおいて「He achieved what he had worked for. 彼が，ずーっと取り組んできていたことを成し遂げた」という叙述と，「He wanted to work and achieve great success. 彼は，取り組み大きな成功を収めたいと望んでいた」という叙述を取り上げ比較している。「どういう欲求があるのか」という視点からのみ捉えると，どちらも「成就欲求あり」と評定され，あとはせいぜいこの欲求の強さについての評価がされるだけであろう。この時「実際に成就したという事実」と「成就したいという願望水準を表現しているという事実」の重要な違いについては注目されておらず欠落しているという観点がトムキンスの考える水準分析につながるところである。すなわちプロトコルの評価にあたっては，covert needs（目に見えない欲求）と overt behavior（目に見える行動）の区別が重要と考えるのである。

　「彼は，多分成功するでしょう」という叙述と「10年後，彼は成功した」という叙述を比較した時，どちらも将来についての叙述ではあるが，後者においては大きな自信を表現しているという。

　「彼は成功するでしょう」という叙述と「彼は，かつて成功したことがある」という叙述については，前者は，希望を持って未来を見つめる人の叙述であり，後者については，古きよき時代に戻りたいと思っている人の叙述であろう。

　欲求とか圧力の分析だけではなく，これらの視点をいれてTATプロトコルを捉えていかないと，プロトコルの向こうにある物語の語り手のパーソナリティを浮かび上がらせられない。

　トムキンスは，水準の種類を一覧表にまとめたりして提示してい

42　第3章　TATという方法

るわけではないので，トムキンスの著書から水準を拾い上げてみると，次のようなものがある。感情水準（feeling），期待水準（expectation），不安水準（anxiety），対象記述（object description），願望（wish），行動（behavior），思考（thought），記憶（memory），気分（mood）などである。

　客観的，科学的アプローチというということで単純に数量的に処理した結果から解釈したり，トムキンスが指摘する"水準"を考慮に入れないで分析・解釈すると，TAT を実施する意味はほとんどないと言ってもよいであろう。

　TAT 解釈にあたり基本的に想定しておくべきこととして，ベラック（1971）は，「現在の知覚は，過去の知覚の影響を受けている」を挙げ，「自分の父親に対する過去の知覚の記憶が，TAT 図版における父親像を知覚する時に，影響を及ぼす」という例を示している。さらに，ベラックは，このように過去から現在への影響という方向のみでなく，現在の知覚と過去の知覚は相互に影響し合う関係にあるという意味合いの論述をしている。これに関連することをさらに説明しよう。直接的には TAT を超える話になるが，フロイトが事後性（Nachträglichkeit）という概念で説明していることがある。この事後性ということは，現在から過去の方向への影響，作用であり，過去の体験，印象，記憶痕跡がそれ以降の時点での新しい体験などにより，新しい意味や影響力を持つようになることをいう。ある時点において，それ以前の体験に関わる記憶痕跡（外傷体験，性体験等）が新たな体験，条件に出会うことにより，折に触れて再体制化・再構成され，書き換えられて新しい意味を獲得するのである。フロイト，S（Freud, S 1895）のヒステリー研究の中のカタリーナの症例は，カタリーナの症状形成過程において，この事後性という心理過程が重要な役割を果たしている。

　カタリーナの症例は，1890 年にフロイトがホーエン・タウエルンの山に登り，そこの山小屋で山小屋の娘カタリーナの相談にのるという形でのものである。カタリーナは息切れ，呼吸困難，頭重，

めまいなどの不安発作を訴えていた。カタリーナの発病経過を聞く
と、"息切れ，頭重"が発症したのは，2年前に父親といとこの性
行為場面を窓越しに見てしまってからであると言う。さらにこの外
傷体験の2～3年前に①カタリーナが14歳の時に，父親と二人で
の旅行中に，酔った父親が身体を彼女に押し付け，性的な接近を仕
掛けてきた。②干草の上で，ごろ寝をしていた時に，父親がいとこ
にぴったりと身体をくっつけて寝ていることに気づいた。しかし2
～3年前のこの段階では，カタリーナの性的無知さゆえに，意味
が理解できないままでいた。しかし窓越しの性行為を目撃すること
により，過去の①，②の記憶と新しい窓越しの目撃体験が結びつき，
過去の①，②の意味を理解した時に，激しい道徳的，肉体的嫌悪感
が生じることになった。この後に「嘔吐感」が起こるようになった。
フロイトによれば，性的に無知であった子ども時代の①，②の印象
は何の作用も及ぼさなかった。しかし，思春期になり性行為の意味
がわかるようになり，過去の記憶にさかのぼり心的外傷作用を引き
起こしたと考えた。これが，カタリーナの症例に見る「事後性」と
いう作用である。すなわち，思春期になり窓越しの父親といとこの
性行為を見た時点で，それ以前の外傷体験が再構成され，新たな意
味づけが行われた。そしてそれが病因となったのである。

　TAT物語には，上述した「事後性」という作用をすることがあ
りうる。この作用によりTATストーリィを創ることにより自分に
ついての意味づけが新たになり，それが心理療法の中で「語られる
自己」の意味を修正するというあり方で心理療法に影響してくるこ
とにもなる。この視点を踏まえると，クライエントの創ったTAT
物語が，その後の心理療法に影響を及ぼすことがあること，意味を
もつことがあることを治療者（心理査定者）は知っていなければな
らない。
　TAT物語が生成されてくる以上のプロセスを踏まえて，TAT物
語を通してアセスメントする際の留意点にふれる。
ここでTAT物語の解釈作業を難しくするのは，そこに被検査者

（クライエント）の側の主観だけでなく，分析・解釈の段階において，ともすると臨床家の主観が絡んでくることである。被検査者の投映の世界，主観的世界を，検査者の主観でさらに色づけしないで「そのまま」受けとめること，理解することが重要になる。アセスメントとしての TAT を実施し，解釈する時には，このことを踏まえておくことが大前提となる。

　しかし，アセスメント的状況を超え，心理療法的意味合いが強くなるかかわりの中では，この「検査者の主観」は必ずしも排除すべきものではないという一見矛盾しているかのような難しい問題があることも知っていなければならない。

　自分の物語を語る時，聴き手の存在が不可欠である。藤山（2004）が，「患者が治療者とともに新しい物語を生み出すこと，人生をプライベートなひとつの物語として語れるようになることそのものに，精神分析的な営みのもつ生産性の本質を見る」というドナルド・スペンス（Spence, DP）などの主張を紹介しているように，語り手と聴き手の二人の間で物語が創られることに治療的な意味が出てくるのである。フロイトは「分析技法における構成の仕事」（1937）の中において，分析者と被分析者の共同作業によって対話的に再構成する仕事が治療のプロセスであるという考え方を述べている。

　TAT 物語もまた，語り手と聴き手の間に，二人が創る舞台装置があって初めて創り上げられるクライエント（被検査者，語り手）の「投映の世界」である。

第2節　TAT の実施

(1) TAT 状況，検査場面

　トムキンス（1947），マレー（1938）などによると，TAT の実施にあたっての位置関係は，第1章でも述べたように初期においては，椅子に座ってであったり，カウチに横になったりであり，また対面

法であったり，検査者が被検査者の背面側に位置したりであったが，基本はマレーのマニュアル（1943）にあるように，被検査者（マレーの言い方によれば被験者subject）は，安楽な椅子に腰を下ろし検査者（マレーの言い方では実験者experimenter）に背を向けているという位置関係を基本としていたようである。ラパポートは座っての対面法で被検査者の表情が観察できることを基本に考えた。

トムキンス（1947）は，被検査者の検査時におけるいろいろな様子を観察し，それを記述している。カウチを好む被検査者もいるし，また横になるのを嫌がる人もいる。ある人たちは，いやいや横になり自分を安心させるために，足を床に着けている。また対面法で座るように言われた人が視線をそらして宙を見ている。背面に検査者が位置している時に，TAT作業のために，振り向いたりする人もいたと言う。

以上のように歴史的に見るとTATの初期においては，精神分析の自由連想法の影響もあったのであろうと思われるような外的構造の中でTATを実施していたようである。

望ましい検査状況設定は基本的には，検査者・被検査者のどちらにとっても落ち着ける場所であり，かつ検査者と被検査者がつくる検査・面接状況が第三者により，壊されない邪魔されない環境であることが重要である。検査をするための座席の位置関係は，いわゆる対面法か90度法が適当であろう。検査場所に窓がある場合には，被検査者が窓からの光を背にする位置関係が落ち着けるために望ましいと考えられる。検査者の背に光があるという位置関係は被検査者にとっては落ち着きにくい位置関係であると言われる。

用意するものは，TAT図版一式，記録用紙，筆記用具，ストップウオッチ，録音機器（ただし研究，臨床倫理的視点から，被検査者から録音することについての同意が得られた場合に限る。病態水準が重篤な被検査者の場合には，その時点では同意が得られても，その後に強い不安に陥ることがあり得るので十分な注意が必要である）等である。この検査場面は，「語り手」と「聴き手」が関わり合っている空間・時間においてTATに取り組むわけであり，この検査状況は

46　第3章　TATという方法

TATを介しての面接という意味で，「TAT面接」という言い方も可能であろう。

シュタインの著書（1955）のTAT実施（Administration of TAT）の章の中に「実施中の心理学者の役割」という小見出しがあり，検査実施中に心理学者（検査実施者）はどんな役割を果たすべきかについて次の3点を挙げている。

①被検査者が物語っている間，心理学者はニュートラルな役割を保ち，被検査者が語るすべてのことに生き生きとした関心を示し続けること。
②被検査者の語ることに対して自分の感情をうっかり表してはいけない。どういうストーリィを作ったら検査者，心理学者を喜ばせるのかを被検査者に感じさせるようなことがないように細心な心配りが必要である。
③心理学者が検査中にコメントすることは，被検査者が生産するストーリィに影響を与えるということを基本的に心にとどめておくべきである。

シャハテル（Schachtel, EG, 1975）は，次のように言っている。

「……あらゆる認知は，或る生活状況における，認知者と外界との出会いとして生じ，そこでは認知者は，今という特定の時間に，その人と外界とがその構成要素である特定の状況布置において，外界と関係を持つのである……ロールシャッハ・インクブロットの認知もまた，一つの生活状況において生じ，インクブロットはその不可分な部分をなしており，私はこれをロールシャッハ・テスト状況，簡単にロールシャッハ状況と名づけている……

……ロールシャッハ状況がどの程度権威的圧力のもとにあるとみなされるかが，或る期待に応え，自分がそうするのを期待されていると思うような仕方でテストに反応する程度を規定する。他方ロールシャッハ状況が，権威的圧力から解放されていると感じられてい

る場合は，被検者は，或る要請に応えねばならぬからというのではなくて，自分が反応したいから反応するのであり，その反応は，自分がそうするのを期待されていると感じることによってではなくて，自発的な関心やインクブロットが喚起する心的活動によって規定される。圧力状態では被検者は，『自分はこうしなくてはならない』と感じるが，自由な状態での被検者の態度は，『私はこうしたい』である。圧力的状態で作用するのは，実際のもしくは想像上の他人の期待であり，自由な状況で働くのは被検者自身の意欲や関心である……

　……被検者が自立的であればあるほど，自分はロールシャッハ状況を構成することができ，自分がインクブロットに対してしていることは，自分の選択，決断，行動であり，自分がインクブロットを体験し，取り扱い，それに直面した結果であると感じるであろう。被検者が依存的であればあるほど，自分は，ただ誰か他人，権威者が要求していることをしているに過ぎず，他人やその場の状況が自分の動きをすべて決定するのだと感じる……」

　TAT状況においても，ここでシャハテルが述べているように，語り手（被検査者）は状況とかかわりながらTATストーリィを作っているのである。シュタインが述べていたように状況を構成する一つの重要な要素としての検査者は被検査者の生産物であるTATストーリィに影響を与え続けているのである。

　山本（1992）は「検査者が一見同意したように見えても，専門家とクライエントの関係そのものは，知識の占有者と素人という力の上下関係が前提にあるので，もしそこに信頼関係がなければ，結局のところ，強制的なものになる場合が多い……それゆえ，検査施行者は，クライエントの立場を十分理解し配慮し，その検査の目的を知らせて同意を得てから行わなければならない」（p.128）という。さらに「……その語り手の自発的に流れる体験の動きと語られる物語の雰囲気全てをゆっくり受けとめ，そこにいっしょにいる姿勢が大切である（p.130）」と述べている。

山本が言う,「知識の占有者」は時として「先生」と呼ばれる人であり,必然的に上下関係の上位に位置づく人である。それゆえに,ラポール作りが重要になる。シャハテルが言うように,検査者が権威的圧力という意味を持つと被検査者は,その検査状況に強く影響を受けた反応をすることになる。

(2) インストラクション(教示)

TAT の教示は,ロールシャッハ法における教示がほぼ一定であることと比較すると研究者(心理臨床家)により,微妙な違いがある。

マレーの教示

第1章で紹介したように,マレー(1943)が TAT マニュアルにおいて示している教示は,〈普通以上の知能の青年や成人向き〉のものと〈子ども,学歴の低いまた知的に低いおとなや精神病者向き〉に分けて用意している。また図版1から10までを第1系列とし,図版11から20を第2系列とし,日にちをあらためてそれぞれの系列を実施している。シュタインも同様の実施方法であり,第1系列と第2系列の間には,少なくとも1日の間隔を提案している。このように,第1系列と第2系列を置く理由として,シュタインは被検査者の疲れと物語を生み出す生産性を落とさないための2点を挙げている。

ラパポートの教示

ラパポート(1968)の教示は,次のようなものである。"これから何枚もの絵を連続的に見て,それぞれについて物語を作っていただきたいのです。絵の画面は,どういうところであるのか。どんなことがあって,この画面のようになったのか。さらには,結末はどのようになるのかについて,お話をしていただきたいのです。描かれている人物が,どんな気持ちでおり,どんなことを考えているのかについても話してください。細部まで念入りに作った文学的な物語ではなく,物語の筋を作ってほしいのです。あなたのおっしゃることを可能な限り逐語的に書き取っていきますので,あまり急ぎす

第3章 TAT という方法 49

ぎないでください"

　ラパポートは，この教示に引き続いて次のように書いている。「……この教示は，求められればいつでも繰り返して伝える。教示通りにしない被検査者に注意を喚起するために，"何が起きているのですか？" "何がこのようにさせたのですか？" "結末はどうなりますか？" "この人は，何を感じ，何を考えていますか？" などのように短縮した形で教示を伝えたりもする……」

山本の教示

　山本和郎（1992）の教示は次のようである。

　"これから 20 枚の絵を，お見せします。まず，これが最初の絵です。（図版1を相手に向けてテーブルに置く。相手が手に持ってもかまわない）その絵を見て，そこから感じることをもとに自由にお話を作ってください。そこにいる人が何を感じ，何をしているのかを含んだ物語を作ってください"

鈴木の教示

　鈴木睦夫（1997）の教示は，"これは絵を見てお話を作るというもの（検査）です。と言っても別に難しく考えるには及びません。絵がどんな場面を表しているのか，場面の中の人はどんなことを考え感じているかを想像して言ってもらうのです。今現在のことに加え，これまでにどんなことがあって，このようになって，このようになっているのか，これからどうなっていくのかなど，これまでのこと，これからのことも織りまぜて，一つの簡単なお話を作ってほしいのです。この検査は，自由に想像を働かせてやってもらうもの（検査）ですから，正しい答えとかは，いっさいありません。ですから気楽にやってください"

　何人かの TAT 研究者たちの教示の仕方を紹介した。共通するところをキーワード的に表現するならば，「現在・過去・未来・主人公（登場人物）・お話・想像」であろうか。ただし山本だけは，「現在・過去・未来」という TAT には基本とも考えられる時間軸について，教示しないところが特徴である。このことについて山本（1992）は，「……過去，現在，未来にふれるかどうかは語り手の自

発性に任せる。過去や未来にこだわる人もいるだろうし，そんなことは考えもつかない人もいるだろうから……」と，その根拠を説明している。

赤塚の教示

　赤塚大樹（2008）は，次のような教示を基本としている。

　「これから絵を見て，お話を作っていただきます。この絵に描かれているところはどういうところで，登場人物は現在，何を感じ何を考えているのでしょうか。さらにこの前の場面，過去はどのようだったのか。そしてこの後，将来，未来はどのようになっていくのかについて，私に語り聞かせるようにお話をつくってください。それでは，一枚目から始めてください。どうぞ」

（3）質疑

　質疑については，施行者（検査者），研究者により考え方にかなり違いがある。実際にTATのプロトコルを見ると，ほとんど質疑（検査者による言語的介入）のないものから，あまりにも検査者の言語的介入が多く，そのTATストーリィは，被検査者のものか，検査者のものかわからないくらいのものまでみられる。

　ロールシャッハ法の場合は，質疑するための一定の基準があるが，TATには，標準的な基準というようなものはないと言ってよい。

ラパポートの場合

　ラパポート（1968）は，TATのテキストの中で質疑（inquiry）について，詳しく書いている。TATにおける質疑の4原則として次の諸点をあげている。

①言語連想，ロールシャッハ法と同様に明確さを欠いている場合には，質疑をすべきである。明確さを欠いているというのは，知覚レベルにおける不明確さ，言語レベルにおける不明確さ，物語の意味の不明確さを指している。ここで知覚的レベルにおける不明確さについての質疑とは，知覚的歪曲（perceptual distortions）をとらえ，確認するためのものである。言語レベルにおける不明確

さへの質疑の最も単純なものは，言い間違いの確認である。この時は，被検査者が言ったとおりを繰り返して確認するやり方，または直接的に「それはどういう意味ですか」と聞くやり方などがある。物語の意味の不明確さに対する質疑は，たとえば物語の首尾一貫性が失われている時に，それを明確にする形で，もっともよく見られる。

②言語連想，ロールシャッハ法の場合と違って，質疑は被検査者の反応を明確化することに限定されない。

・教示通りのやりかたを求めることにより得られる付加的なデータ（additional material）を得るために行う。

・絵のどの部分は見えなかったのか，あるいは見たけれどもその部分を叙述しなかったという部分があるのかどうかを明確にするために行う。

③一般的に，質疑は（一つの図版についての）物語を語り終え，被検査者がカードを返した直後に行う。もちろん例外はありうる。

④暗示的・誘導的な質問は行うべきではない。同様に，被検査者の自発的な産出性を制限してしまう，不自然に客観性を求めるようないきすぎた対応もするべきではない。

　ラパポートは，5ページにわたって質疑について説明している終わりの部分において，どういうタイミングで，質疑を行うかについての考えを，次のように述べている。

　TATにおける質疑は，ロールシャッハ法の場合と異なり，物語の内容の織りなし方が，カードをこえてもいろいろ関連をもっており，記憶の中で曖昧になっていることもあるため，ロールシャッハ法の質疑のようにすべてのカードについての反応が終わってからというのは，適切ではない。質疑を行うことが，その後の物語創りにおける反応に影響を与えるということが問題になるほどでないならば，一つの物語創りが終わった後で質疑をするのが，望ましいであろう。

シュタインの場合

次に，シュタインの著書（1955）から紹介する。シュタインは 2
つのタイプの質疑に分けて述べている。途中で時々行う質疑（inter-
mittent inquiry）と，最終に行う質疑（final inquiry）である。途中質
疑については，物語の主人公がいかに感じているかを語らないとき
に限り質疑するものであり，よく熟練した心理学者がきわめて慎重
に行う時のみに限るとシュタインは言っている。図版 14 において
質疑をしすぎて，それ以降の図版において当たり障りのないストー
リィを作るようになってしまった具体例をあげて，難しさを指摘し
ている。

　最終質疑とは，20 枚の図版がすべて終わった後に質疑をするも
のを言い，途中質疑は実際的には難しいので，初心者は最終質疑を
するのが賢い判断であるとしている。作ったストーリィのあら筋を
思い出してもらい，その時どんな気持ち，欲求をもっていたのかの
細かい部分を聞くのである。さらにそのストーリィの出どころを聞
くとよい。以前に読んだ本からとか，以前の経験からとか，友だち
の経験とか，映画からとかなどについて聞くのである。それらに基
づいているものであっても，聞く価値はなくなったりはしない。語
り手はある部分のみを選んだり，部分を歪めたり，誇張したりする
ものだからである。

　しばしば意味がある最終質疑は，最も好きな図版と最も好きでな
い図版を選んでもらい，その理由も教えてもらう。これがシュタイ
ンの言う質疑の仕方である。

トムキンスの場合

　トムキンス（1947）は，質疑について次のように考えている。各
図版終了時に質疑を行うことは，被検査者にいぶかりと抵抗（suspi-
cion and resistance）を引き起こしやすい。このように頻繁に行う質
疑は多くの被検査者にとり，やる気をなくして，検査者に満足を与
える反応をしていないかもしれない，また自由に対応することに制
限を加えられているような意味を持つことになるという。

　シュタインもトムキンスも指摘しているように，各図版の終了時
に質疑を行うときには，繊細な注意が必要になる。しかし，病理的

知覚の歪みを表す知覚的明確さを欠いているかどうかを確認するために質疑するというラパポートの考えと，被検査者により，いろいろ創られたTAT物語の背景になっていること（個人的体験がもとになっている，友人や知人の体験であるとか，本や映画に基づいているという背景）を質疑するというマレーの考え方については重要なことであるとトムキンスは考えているようである。このマレーの質疑について，マレー自身は直後に行う場合も，2〜3日後に行う場合もありうると考えている。マレーのこの質疑を取り上げている理由についてトムキンスは，被検査者にとり重要なこととなっている自伝的な素材を知るという点において有意味であると考えている。

以上，ラパポート，シュタイン，トムキンス，マレーの考え方を紹介した。私は基本的には，シュタインのいう最終質疑くらいにしておき，必要に応じてラパポートのいう①明確さを欠いている場合の確認としての質疑を加えるという程度が望ましいと考えている。

(4) 反応時間の測定

各図版における初発反応時間（図版を提示してから，最初の内容のある反応語が出るまでの時間）を測定する。反応中における沈黙（pause）時間についても可能な限り測定する。また，図版を見て物語りを作り終え図版を検査者に返すまでの反応終了時間についても測定する。この時間情報は分析，解釈にあたりとても重要な情報となる。すなわち，その被検査者の平均初発反応時間から著しく早く，あるいは著しく遅くずれた初発反応時間を示した図版には，それを裏付ける意味があると推測される。反応終了までの反応時間についても，平均反応時間から大きなずれが見られる場合には，そこに何らかの意味を想定するべきであろう。

健常な大学生にTATを実施した場合，平均初発反応時間は早い場合には，5秒前後，遅くとも20秒程度であり，多くの者は10秒前後程度である。また平均反応終了時間は，大半は2分程度であり，3分程度でほとんどの者が終了する。

(5) 語らせ過ぎることの侵襲性

　投映法の侵襲性については，よく指摘されるところである。40歳代の統合失調症の女性S子のTATプロトコルを通して考えてみよう。臨床経験，20年のベテラン臨床心理士（心理療法担当者でもある）と臨床研修中の大学院生が1年ほど間をおいてS子に実施したTATプロトコルである。S子は通院治療の形で心理療法，薬物療法を受けており，この2回のTAT実施をはさむ数年以上にわたり臨床症状はかなりの程度，安定していた。

〈ベテラン臨床心理士によるTAT〉

M-TAT1（9秒〜3分40秒）

　これを見ると，私が歯医者でアルバイトしていた頃，お正月に3人がいて，百人一首をした時，こういうバイオリンを見ました。今，親戚の子がピアノをやっていることが浮かびます。これは，皇太子様が演奏しているのと同じ……（過去は？）歯医者さんの頃を思い出しました。私は楽器は全くだめで，基礎からやらないといけないので私にはできません。（未来は？）未来は……うん……やっぱり聴いて楽しむことでしょうか。一からやるとお金がかかるし，父親には長生きしてもらわないといけないし……
幼い頃，勉強しなかったのですみません。

M-TAT4（10秒〜2分30秒）

　ポスターとかの映画の一場面のような気がします。随分古いような気がします。これが，父と母だったらいいなと思う。（どういうこと？）若いから，こんなに若かったら，親孝行できるなと思って……今のお母さんです。父親も髪の毛が薄くなって，ふさふさしていないから……男の方がこんなに髪の毛あるのを見ると若いから……お母さんの兄弟が今度の土日のいつかに家にくる。だからお母さんが元気になってくれたらいいなあ。

〈臨床研修中の大学院生によるTAT〉

M-TAT1（19秒〜10分48秒）

　今も一人ぼっちで……私と父との二人ですが，四人の過去，お母さんとおばあちゃんと私とお父さんといたころに……お母さんが嫁

ぎ先で暮らしていて，まだ私が生まれていない頃，父親と妹のおば
さんの二人きょうだいです。そしておばあちゃんと母親と暮らして
いた時に，父親は勉強が好きで中学校に行きたかった。でも行けな
かった。そして，おばあちゃんや妹のために丁稚奉公した。戦争が
始まる頃に，（泣き始める）父親は父親を亡くしました。だから苦し
みました。そして……お母さんとその親が，お父さんのおばあちゃ
んと妹を見てくれてたものだから，断ることができなくて，お母さ
んと一緒になりました。そして私のことを，何でもですが，ランド
セルから机から服から何もかも新品で揃えてくれました。そして私
が四年生の時に，豚を飼っていたところに大家さんが，アパートを
建てて，父親と私達を4人を住まわせると言いました。だから，
お父さんはお母さんと頑張って今の家ができました……そして，お
父さんは，「勉強しなさい勉強しなさい」と私に言ったんですが，
私はそのころは，勉強しませんでした。小学校，中学校と勉強しな
かった……洋裁学校に通っていたものだから，お父さん，お母さん
が厳しかった。洋裁やっていたけれど，お父さんは，どんなお姑さ
んのところに行っても，つとまるように厳しくしました……私を。
でもアルバイト先が，私のことをほめていたので，父親はものすご
く喜んで，そこに勤めるようにってことを決めました……（泣き続
けている）……

M-TAT4（4秒〜11分45秒）

　お父さんも……75歳だ……私が……先生，計算してみて……お
父さんが30歳の時の子どもだけど，お父さんが49歳の時に再婚
しました。お母さんがピンカールがすごくうまくってものすごく自
慢でした。私は，くせ毛だから美容院に行かず，自分でヘアースタ
イルをピンカールして，それは，お母さんの妹のおばさんですが，
おばさんもピンカールとかカーラーを巻くこととか……お化粧とか，
なぜかっていうとおばさんのご主人が綺麗にしてくれと言ったから。
で，お母さんも私も健康だった頃に，お母さんの親戚の家に泊まり
に行きました。その頃は，お母さんがまだ働いていて……その親戚
のおばさんの家で，昼頃まで寝ていて，ご馳走を作ってもらって

……お母さんは，ボーナスが入ったら，そのおばさんの３人の子どものために全部つぎ込んだ。その頃は，お母さんは前のご主人を亡くしていました。……その頃は，結婚相談所に写真を登録していた。お母さんとお母さんの妹のおばさんが家にきて，このお母さんはタバコとお酒がやめられませんと言いました。それでもいいですかと念をおしました。そして，私が19歳の時に，お母さんのアパートに行きました。そこで，大根の千切りの味噌汁を作ってくれて，千六本かな。大根の味噌汁だけれどご馳走してくれました。お母さんのところには，おじさんがいました。お母さんの妹の旦那です。そして，私を気に入ってくれて，家まで送ってくれました。その時分はお母さんはまだ健康だったけれど，お父さんがお母さんをすごく愛してくれて，そして一緒になりました。私が19歳の時です。

　以上の〈ベテラン臨床心理士〉〈研修中の大学院生〉がとったM-TATの図版１と４を比較すると，〈研修中の大学院生〉が実施した時には，Ｓ子はTAT図版との距離を失くしており，不安定な物語の叙述になっている。これに対して20年間近く心理療法も担当している〈ベテラン臨床心理士〉が実施したTATにおいては，図版刺激によりストーリィを引き出された範囲内と考えられるプロトコルである。この違いが出てくる背景としては，〈ベテラン臨床心理士〉はそのTAT状況の中において必要以上に，語らせすぎないようにしているのに対して，〈研修中の大学院生〉は，熱心に聴こう，多く語らせようというフレッシュマンの態度が前面に出ており，それが微妙にＳ子に伝わり，つい語らなければいけないかのように語り始めてしまう。語り始めると図版との距離の取れなさというＳ子の病理的脆弱性が崩れるように現れてしまった。さらに，安心できる〈ベテラン臨床心理士〉との関係においては，心理的に守られており，Ｓ子は語り過ぎなくてもよいが，慣れていない初めて出会う〈研修中の大学院生〉との関係においては，心理的に不安なためＳ子は語ることにより安定しようとしており，これがますます，そ

の TAT 状況にはまっていき語り過ぎ，自己の脆弱性を曝け出し不安定になってしまう結果になっている。

　TAT は，このような侵襲的側面をもっていることを，十分に理解していなければならない。

(6) 臨床倫理的配慮

　心理査定の専門家とは，どういう条件を満たす人をいうのだろうか。金沢吉展 (1998) から引用する。「クライエントを相手にして仕事をする場合は，専門家でなくてはならない。すなわち，好き勝手に何でもしていいということにはならない。自分の好きなことだけを好きなようにやっていれば良いというわけでもない。専門家は，確立された理論や長期にわたる訓練によって身につけた技術を用い，自分の利益や興味のために働くのではなく，社会のために働くのである……ひとたび専門家となれば，そこには多大な責任が伴う……専門家は，クライエント個人に信頼されるだけではなく，社会全体からも信頼されなければならない」さらに，金沢は，法律的側面から検討し次のように述べている「……ある職業が『専門職』（プロフェッション）と呼ばれるためには，その業務について一般原理が確立し，その理論的知識に基づいた技術の習得に長期間の高度な訓練を要し，免許資格制度が採用され，職能団体による自律と主体性が確保され，公共の利益促進を目標としていることが要件とされている」

　また金沢は，専門家として自律しているということは，職業倫理が職能団体としても確立しており，専門家である個人は職業倫理観をしっかりと身につけていることであるとして，以下の職業倫理の7原則を示している。

　第1原則：相手を傷つけない。傷つけるような恐れのあることをしない。
　第2原則：十分な教育・訓練によって身につけた専門的な行動の範囲内で，相手の健康と福祉に寄与する。

第3原則：相手を利己的に利用しない。

第4原則：一人ひとりを人間として尊重する。

第5原則：秘密を守る。

第6原則：インフォームド・コンセントを得，相手の自己決定を尊重する。

第7原則：すべての人びとを公平に扱い，社会的な正義と公正・平等の精神を具現する。

次に，臨床心理士倫理綱領（日本臨床心理士資格認定協会）の一部を紹介する。

〈責任〉の条文においては「臨床心理士は自らの専門的業務の及ぼす結果に責任をもつこと。その業務の遂行に際しては，来談者の人権尊重を第一義と心得，個人的，組織的，財政的，政治的目的のために行ってはならない。また，強制してはならない」

〈技能〉に関しては「臨床心理士は訓練と経験によって的確と認められた技法によって来談者に援助・介入を行うものである。そのためつねにその知識と技術を研鑽し，高度の技能水準を保つように努めること。一方，自らの能力と技術の限界についても十分にわきまえておかなくてはならない」

〈査定技法〉については「臨床心理士は来談者の人権に留意し，査定を強制してはならない。またその技法をみだりに使用しないこと。査定結果が誤用・悪用されないように配慮を怠ってはならない……」

〈援助・介入技法〉の条文においては「臨床業務は自らの専門的能力の範囲内でこれを行い，つねに来談者が最善の専門的援助を受けられるように努める必要がある。臨床心理士は自らの影響力や私的欲求をつねに自覚し，来談者の信頼感や依存心を不当に利用しないように留意すること。その臨床業務は職業的関係のなかでのみこれを行い，来談者又は関係者との間に私的関係をもたないこと」

第3章　TATという方法　59

この金沢の言うところ，および日本臨床心理士資格認定協会の倫理綱領を基本に据え，臨床の場でクライエントに対して TAT を実施してよい専門家についての条件を考えてみよう。以下の3点にまとめることができよう。第1にクライエントを前にして，あらゆる場面で職業倫理を体現した考え方，態度がとれること。第2に臨床の中で，TAT（投映法）を初めとするいろいろなアセスメントの技術を十分に使いこなすだけの訓練・実践を経験していること。第3に背景として，仕事として臨床業務全般に関わることの適切性を裏打ちする経歴である学習のプロセスがあること。

　金沢の第6原則にあった「インフォームド・コンセント」について，TAT 実施のインフォームド・コンセントの場合を通して考えておこう。TAT を実施するにあたり，当然ながらインフォームド・コンセントということが必須になる。クライエントがインフォームド・コンセントを伝えてくれるのは，クライエントの自律的行動の結果としてのものでなければならない。

　フェイドンとビーチャムら（Faden, R & Beauchamp, L, 1986）は，①意図をもって（偶然ではなく，行おうと意図して行う行動であること）　②理解して（行為者が自分の行動に対して理解していること）③何かの影響下にはなく（自主的で，何かによって支配されていないこと）　の3つの条件を満たして行動した時に，自律的行動であることの基本的条件が満たされたと考えている。

　インフォームド・コンセントをクライエントから受けるに先駆けて，TAT を実施する（TAT によりアセスメントする）ことの必要性と意図，TAT 実施にかかわるクライエント側の負担度，実施中の途中でやめることが可能であること，途中でやめたり，informed refusal（拒否）しても臨床的関わりにおいてクライエントは不利益を受けることはないこと等がわかりやすく伝えられなければ（開示されなければ）ならない。

文献

赤塚大樹（2008）「TAT 解釈論入門講義」培風館

Bellak, L（1971）The TAT & CAT in Clinical Use. New York; Grune & Stratton

藤山直樹（2004）本物の物語が生まれる場所／北山修ら編「語り・物語・精神療法」日本評論社

フロイト，S（1895），懸田克躬訳（1974）「フロイト著作集7　ヒステリー研究」人文書院

フロイト，S（1937），小此木啓吾訳（1983）分析技法における構成の仕事／「フロイト著作集9　技法・症例篇」人文書院

金沢吉展（1998）「カウンセラー」誠信書房

河合隼雄（2001）「心理療法と物語」岩波書店

Murray, HA（1938）Explorations in Personality. New York: Oxford ／外林大作訳編「パーソナリティ」誠信書房

Murray, HA（1943）Thematic Apperception Test Manual. Harvard College

森岡正芳（2002）「物語としての面接」新曜社

Rapaport, D（1968）Diagnostic Psychological Test. International Universities Press

シャハテル，EG（1975），空井健三・上芝功博訳「ロールシャッハ・テストの体験的基礎」みすず書房

Stein, MI（1955）The Thematic Apperception Test. Addison Wesley

鈴木睦夫（1997）「TATの世界」誠信書房

Tomkins, SS（1947）The Thematic Test. New York; Grune & Stratton

山本和郎（1992）「心理検査TATかかわり分析」東京大学出版会

第4章　TAT 図版から捉えられる臨床情報

　TAT の実施，解釈にあたり，各図版の図柄は一般的に「何を」引っ張りだしやすいのか，またどういう見方，どういうストーリィを創る場合に，その背景にどういう心理，病理が考えられるかなどについての知識は不可欠である。この章においては，各図版にかかわる臨床心理学的，精神に病理学的情報を紹介する。以下に示した各図版の図柄ついての〈説明〉は，マレー（1943）のマニュアルに基づいたものである。〈図版特性の臨床的意味と検討〉の項に記述されていることについては，筆者自身の TAT 解釈についての理論的学習・研究と臨床体験の相互関係性の中で重要と思われた解釈の視点であり理論である。この背景には国内外の多くの TAT 研究者の解釈理論があるが，この章のこの項の記述に限っては一般的に，本来どの研究者の理論に起源を持ったものであるのかわかりにくいところもあり，出典が明確な理論とか特定な用語等でないかぎり引用の表記をしない。

Card 1

【説明】少年がバイオリンを，じっと見つめている。そのバイオリンは，彼の前のテーブルの上にある。

【図版特性・反応の臨床的意味と検討】

　ほとんどの TAT テキストにおいて，この図版が一連の TAT 図版の中の最初に提示される図版であることの絶妙な有意味性について叙述している。バイオリンを前にしてじっと見つめている少年の有り様は，この心理検査という作業（課題）に直面している被検査者（クライエント）の心の状況が容易にアイデンティファイされるという絶妙性である。山本（1992）は，この点については「類似形態論的（synomorphic）な状況」という言葉で言及している。

　坪内順子（1984）は，この第1カードの特徴について「こんな場

面は，どこかで見た。……いや，ひょっとすると自分の幼年期……いや，〈自分の姿かな〉といった，肩の力をふっと抜いて，警戒の扉をゆるめて，語り出させる絵の雰囲気である」と言っている。

自分の目の前にある課題をどう解決するのか。どういう見通しや意欲をもって，どのように努力して解決するのか。あるいはほとんど努力することをしないで，棚からぼたもち式の成果を待っているのか。または，成果をあげる解決の方向ではなく，失敗とか放棄とかのプロセスを語るのか。これは被検査者の生き方の基本にあるスタイルの反映であり，彼の人生観にもつながる。藤田宗和（1997）は，この図版に描かれている主人公の対人的・対社会的態度のあり方が，図版の流れの中で，どのようになっていくのかに注目している。

この図版は，図版には描かれていない人物（親，先生など）が登場してくることが多い。被検査者がアイデンティファイしていると思われる主人公とどういう関係の人が，どういう意味合いをもって登場し，主人公にどのようにかかわってくるのかを検討することは，被検査者の対人関係についての情報を提供してくれる。大半の被検査者が，何らかの画面外の人物を登場させるため，主人公以外に人物が登場しないストーリィの時には，対人関係に問題を抱えている可能性があるというチェックを入れておくという感覚が大切である。親子関係の問題であったり，一般的な対人関係に問題があったりということが予想される。この図版で，対人関係上の問題がありうると示唆された場合には，さらに他の図版においてその対人関係上の問題を詳細に検討することになる。

バイオリンについての叙述の仕方は，「形見のバイオリン」「借りたバイオリン」「貰ったバイオリン」「父親の大切なバイオリンを壊した」「バイオリンが壊れている」など，多様である。例えば「父親の形見」である時，父親の心理的意味の大きさを表しているであろうし，「父親のバイオリンを壊した」という時には，父親に対しての aggression とか hostility を読み取るべきであろう。また「壊れたバイオリン」という表現には，被検査者の心身の不全感，何らか

の body image にかかわる問題が投映されていると考えられる。ベラック（1971）は「壊れた（deadness）」という表現は重篤な感情の貧困化を示しており統合失調症を検討してみるべきであると言っている。もう一つベラックが象徴的性反応（symbolic sexual response）として取り上げているものを紹介しよう。バイオリンの弦をひく，弦楽器をもてあそぶというのは，しばしばマスターベーションの象徴になる。弦が切れているという表現は，去勢不安（castration fears）を表すことがある。弓とバイオリンの関係は，しばしば男と女の性的な関係に喩えられる。さらに父が演奏していたように，バイオリンをマスターするという表現の背景には，性欲動の表現と達成動機の表現の入り混じったものであると考えている。

Card 2

【説明】 田舎の場面；前面には手に本を持った若い女性。背景では，男性が畑で働いており，年長の女性がかたわらで見ている。

【図版特性・反応の臨床的意味と検討】

　この図版は基本的に３人の人物が登場することから，この３人の関係をどのように処理するのかが重要なポイントである。多くは家族関係を中心とする対人関係を投映させるのが第一と考えられている。それゆえに図版に登場する人物に何の関係も情緒的交流も見られず，三者がばらばらである時，それは家族の関係性のあり方の反映である可能性が高い。また Card 1 で画面外に設定・登場させた人物との対人関係情報をさらに詳細に検討できる状況もありうるであろう。Card 1 で誰も登場させない時，その背景事情にかかわるような，さらなる情報がこの Card 2 の叙述を通して検討できることもあるであろう。

　この図版に描かれている右側の木のそばいる女性をどのように叙述するのか，その際に女性の妊娠を取り上げるか否かは重要な情報である。

　この図版のもう一つの特性として一般的に指摘されることは，絵そのものが全体として細かく，かつちぐはぐなことである。このち

ぐはぐさ故に全体をバランスよく取り入れて，一つの相互関係性のある場面としてストーリィを叙述することが難しい。強迫傾向とか固執性のある人は，絵のちぐはぐさが気になり，どこか自分にとり意味あるところを中心にとらえ，かつ全体としては同一平面，同一時間でかかわりのあるものとしては叙述できず，絵の部分・細部にとらわれ，そしてその細部を虫眼鏡で見るかのように正確に叙述しようとするため全体としては，パッチワークのように部分を羅列したような説明になる。

　離人感のある人は，絵が全体として“ちぐはぐ”であることや，絵の前方と後方の不調和性などを表現する。例えば「向こうは昔で，こちらは現代で，世界が違っている……」「この女の人は今，大きな絵の前に立っているところで，背景は絵です」「この女の人が，中世の世界に迷い込んでしまったところ」「ここにいる3人の視線がバラバラです」というような叙述として表われる。

　手前の陰影の部分に対して「石がごろごろしている」としているという認知は，ロールシャッハ法における陰影反応に対すると同様，深くにある漠然とした不安が表現されたものと考えられる。“ごろごろ”という表現はそれが強い違和感となっていることの表現でもあろう。

　登場人物に対するよりも，馬に対しての感情移入がみられる場合には退行とか現実逃避的なあり方の反映が考えられよう。また，この絵に対する物語が時間的，空間的に現実から離れたものである時，個人の葛藤から離れ，回避していると捉えられる。

Card 3BM

【説明】床の上でカウチにもたれかかり，右腕の上に頭をのせ，うずくまった形になっている少年。彼のそばの床の上にはピストルがある。

【図版特性・反応の臨床的意味と検討】

　この図版は，ハートマン（Hartman, ΛΛ, 1970）が8枚のTATの基本セット（Basic TAT set）の中の1枚として挙げているものであ

り，ベラック（1971）も最も有効な図版としている。このことを裏付けるかのように実際に，ＴＡＴ実施者の中には被検査者が女性である場合にも3GFでなく3BMを使う人は多い。マレーは，上述のように「うずくまった形になっている少年（huddled form of a boy）」としており，ベラックも「経験的には，大抵の男の人は，男性をみる」としているが，筆者の経験上は女性と見る場合が多いような感じがする。ただ，ベラックは，男性被検査者が女性を見る時には，このことで確定できるわけではないが，潜在性の同性愛傾向（latent homosexuality）の可能性がありうると言っている。図版2，7BM，12M，17BMなども含めて検討すべきであろう。潜在性同性愛という概念は，精神分析的治療の中で顕在的になってくる抑圧されていた同性愛感情のことではなく，自分より力の強い男性に対してとられる防衛的で，服従的な態度を指す概念である。

　現在の何となく暗くて，危機的な感じ，うまくいかないような状況は何によってもたらされたものであり，これをどのように乗り越えていくのかというのが，この図版によって標準的に投げかけられる課題である。

　「単に，眠っているところ」「酔っぱらっているところ」などのように，危機的なもの，心理的葛藤などがまったく表現されない時には，抑圧などのメカニズムが考えられる。

　この図版は攻撃性の有無，あり方をチェックする図版とも言われる。左足元に転がっているピストルとも見られるものと，この人物の倒れているかのような体勢がその根拠であろう。ピストルで誰かを撃つ場合は外部に向けた攻撃性（extra-aggression）の表現であり，自分を撃つ場合は自分の内に向けた攻撃性（intra-aggression）であり，自殺念慮・自殺願望ということが考えられる。外部に攻撃性を向ける場合には，どのように罰せられるのか，罰せられないのかという超自我の機能までチェックしなければならない。この時，アメリカなどのＴＡＴ理論には，足元のピストルに言及しない時には，攻撃性の抑圧があるとする解釈が散見されるが，この解釈をあまり機械的に適用しないほうがよい。この点については，山本（1992），

鈴木（1997）も注意を促している。

Card 3GF

【説明】若い女性がうなだれて立っている。そして右手で顔をおおっている。左手は腕をまっすぐに伸ばして，木製のドアで身体を支えている。

【図版特性・反応の臨床的意味と検討】

　うつむき，悲嘆にくれたようなこの姿勢の女性には，この以前にどんなことがあったのか，さらにはこれからどう乗り越えていくのかが，この図版の課題である。さらに辛いことはドアの中（家の中）で起きているのか，外で起きているのか。家の中が安寧の場所になっているのか？　家の中と外のどちらにstressがあるのか。不幸な現在を叙述する時，その不幸の発端・原因と今後の解決の方向に関するプロセスまでを見通しをもって叙述できることが広い意味での健康な適応力をもっていることの一つの条件になるであろう。

　この図版において「現在はドアに指を挟んでいる。過去はドアを開けた。これから未来は，痛いと言って座り込む」というTAT物語を作った女性がいた。この女性は殺人事件を起こし精神鑑定が必要とされたケースであった。過去～現在～未来の時間的見通しのなさ，実際の時間にして数秒間という過去から未来までのこの女性が見通す時間の幅は，この被検査者の見通しのもてなさ，一度思い込んだら修正できるプロセスのもてなさを如実に表しているように思われた。

Card 4

【説明】女性が男性の肩をぎゅっとつかんでいる。男性は彼女から離れようとしているかのように，顔と身体をそむけている。

【図版特性・反応の臨床的意味と検討】

　この図版は，10，13MFと並んでsexual card（セクシュアル図版）と言われる図版である。すなわち，性に対する態度と成熟性，恋愛・結婚関係を含めた異性関係を吟味する図版であり，これらの図

版に対しては他の図版の場合以上に何を語るかだけではなく，いかに語るかが重要である。それは性に対する緊張感，抵抗感は，時にはストーリィの中身に対してよりも，物語る形式的側面に反映されることも多いからである。また，初発反応が他の図版と比べてかなり遅滞したり，ストーリィの叙述量において他の図版とは著しく異なるという特徴が見られることもある。

　この図版に描かれた二人はどういう関係なのか。夫婦，恋人，不倫の関係，一夜かぎりの関係を持った男女，風俗系の女性とお客である男性など，どういう関係なのか。その関係の中で男性，女性がどういう性役割を演じ結末はどうなるのか（例えば，男性が女性に従うのか，女性の反対・制止を押し切って行ってしまうのか）。一夜かぎりの男女関係，風俗系の女性とお客の男性というような，関係性を育てる関係でない男女間での性関係を叙述する場合には，異性間の愛情関係，性的関係について成熟した受けとめのできなさがあると考えられる。

　この図版を見て，映画の中とか小説の中のワンシーンと前置きをする場合には，それは「これから作るストーリィは，映画の中のワンシーンであり，私とは関係ありません」とでも言うかのように遠ざける自己防衛の表現である。

　ヘンリィ（Henry, WE, 1956）によれば，他の図版において，細部を豊かに取り入れたストーリィを作る人が，この図版において男性の左後方にある肌の露出度の多い女性のポスターに触れないときには，何らかの性に関する問題を暗示しているという。ベラックによれば，3分の2の人が背景のポスターの女性を認知すると言っているが，筆者の経験によればそんなに多くはない。

　「女性が男性のマネキンを持って」いたり，「この二人は俳優と女優で今，演技の練習をしているところ」というような設定は，生の男女の関係性を避けようとするあり方とか，関係のもてなさが考えられる。

　図版4，10，13MFに描かれている男女のセクシュアルな関係度の変化・深まりに応じて男女の性的な関係性の表現がどのように変

68　第4章　TAT図版から捉えられる臨床情報

わっていくのか。例えば図版4において，かなりセクシュアルな男女関係の叙述をしているのに，図版13MFにおいては，ほとんどセクシュアルな叙述がない時には，図版の刺激特性からすれば，不自然であり深く分析の対象にしなければならない。

この図版において，「これはジェームズ・ディーンと女優さんで……」「マレーネ・デートリッヒにすごく似ています……」という風に映画の中とか小説の中のワンシーンであるというストーリィの創り方は，基本的には自分から距離をとろうとするあり方であるが，意味するところは，①自分との間に距離をとろうとする防衛である場合もあるし，②自分の内面的なことからは距離を保ちつつ，ストーリィを自己顕示的に意欲的に創り語ろうとする場合，③さらには，病的な作話というレベルのことまでありうる。

Card 5

【説明】中年の女性が半分開いたドアの敷居のところに立っている。そして部屋の中を覗き込んでいる。

【図版特性・反応の臨床的意味と検討】

女性が何かの目的・意図を持って部屋の中を覗き込んでいる。そして覗き込まれている部屋の中には何らかの状況が起きているというストーリィが多く見られる。この画面外である室内で起きている状況は語り手の心を反映していると考えられる。その部屋の中には子ども，夫などの人物が導入されることが多い。この時，覗き込む女性は母親とか妻で，部屋の中の様子を見に来る，部屋の中にいる人物を呼びに来るとするのは，よくあるテーマであり，これは基本的に監視・干渉のテーマと考えてよい。子どもが導入された時には，子どもの年齢（親に依存していてもよい年齢か，自立すべき年齢か）は検討しておくべきであろう。

"のぞく－のぞかれる"というのは思春期，青年期の子ども（若者の）セクシャルなことも含めての心の秘密と関係がありうる。女性（母親，お手伝いさん）が部屋に入ってきてシーツを変えるというテーマもセクシュアルなことや心の秘密を連想させる。

第4章　TAT図版から捉えられる臨床情報　69

親が子どもを呼びにくると，子どもは部屋の窓から抜け出していて部屋にはいない。子どもが悪いことをしているというストーリィは親への反抗，抵抗の表現である。

　何か変な音がしたりしたので，それを確認にくるというのは，家庭内に緊張をもたらすようなことがあること（違和感をもたらすものの存在）の表現であると言われる。

　部屋の中の小物について細かい叙述をするのは，強迫傾向の現れと考えられるが，この覗き込んでいる人物にかかわる何らかの強い不安を防衛している場合もある。山本（1992）によれば，情緒的な表現がほとんどなく，部屋の家具などの細部にわたる叙述を細々とし，かつ登場人物がお手伝いさんとか，管理人のおばさんのように事務的，職務的関係である場合には，語り手が離人体験を持つ人である場合が多かったという。

Card 6BM

【説明】背の低い年長の女性が，背の高い若い男性に背を向けて立っている。男性は当惑した表情をしてうつむいている。

【図版特性・反応の臨床的意味と検討】

　この図版は，母と息子の関係（母からの自立，母－息子関係の心理的葛藤・エディパルな関係など）さらには，母－息子関係から派生してくるとも考えられる妻との関係，他の女性との関係をも打診する図版である。

母－息子という設定にしない時には，母－息子関係に重大な問題があることが予想される。この図版に描かれている女性を「認知症化したお年寄りの女性（認知症老人）」というようにネガティブな意味合いの描写をする場合は，母親に対する敵意とかのネガティブなイメージの表現であると考えられる。

　「父親が病気とか事故で亡くなっており，息子は父親代わりになり母親を支える」などというような場合には，父親に対する aggression と，母親との強い固着を背景においた，まさにエディパルな表現である。

70　第4章　TAT 図版から捉えられる臨床情報

Card 6GF

【説明】 若い女性がソファの端に座っている。そして肩越しに，パイプをくわえた年長の男性を振り返り見つめている。その男性は彼女に話しかけているように見える。

【図版特性・反応の臨床的意味と検討】

　この図版は基本的には，父－娘関係を捉える図版と言われている。この年長の男性のイメージは父親イメージに重なると考えられているが，ストレートに父親と娘とする場合には，父娘の結びつきの強さの反映と考えられる。

　図柄的には，男性が後方から女性に接近しているが，そのパターンには次のようなものがある。

　　①知人（あるいは見知らぬ人）が単に声をかける。
　　②男性が何らかの用を伝える。指示内容を伝える。
　　③男性が支持的に女性に近づく。
　　④男性が誘惑的（性的）に女性に近づく。
　　⑤男性が，何らかのことで女性を脅かすまたは不安にさせる。

　父親とのエディパルな関係を背景におきつつ，男性との対人関係の成熟性を捉えるという視点に立つ時，人間的信頼関係性（親密さ）を基礎に捉えた上でのセクシュアルな関係が叙述できているかどうかは重要である。どのパターンの接近を叙述するかは，被検査者にとっての男性イメージによると考えられる。

　年長の男性を親戚の人などにする場合には，セクシュアルな関係の回避とも考えられるので，他のセクシュアル図版（4，10，13MF）と合わせて検討することが必要であろう。

Card 7BM

【説明】 白髪の男が若い男を見つめている。若い男は不機嫌そうに宙の一点を見つめている。

【図版特性・反応の臨床的意味と検討】

第4章　TAT図版から捉えられる臨床情報　71

この図版は男性にとっての権威像（父親イメージを含めて）との関係性がテーマとして現れる。そこに表現される関係は反発・敵意をもったものか，親和・尊敬に満ちたものかを吟味することが大切である。手前の若い男性にアイデンティファイしたストーリィを創る時，上下関係をどう受け入れるのか，依存的か妥協的か反抗的か拒否的かなど，それにどう適応しているのかを捉える。中年の男性の被検査者で，後ろの年長男性にアイデンティファイする時，職場等における権威像としての自分・規律というものについて叙述されることが見られる。

　シュタイン（1955）によれば，心理療法における psychotherapist – client 関係への構えが打診できると言っている。

Card 7GF

【説明】 年長の女性がソファに腰かけ，女の子の近くにいる。そしてその女の子に話しかけているか，本を読んであげている。少女は膝の上に人形を抱きかかえ，そっぽを向いている。

【図版特性・反応の臨床的意味と検討】

　この図版は女性にとっての母親との関係性（自分の幼年期における母親との関係性を含め）を見る図版である。叙述にあたり，この年長の女性を女中，家庭教師，おばさんなどにする時は，母親との関係に問題があることの反映であると言われる。

　山本（1992）は，母親からの自立に関する葛藤をもっている青年期の女性の「母親は外出しており，乳母や家庭教師にする」場合を例にあげ，母親の外出は，母親との関係性の乏しさや，母親に対する抵抗・反発をあらわしており，外出している母親もそばにいる女性（乳母・家庭教師）もいずれも母親の二面性を表しているとしている。

　女の子の膝の上の doll をどう表現するかについては，母性性との関係において検討される。心の中に母性性の欠如あるいは未成熟が見られる時には，乳児・赤ちゃんという捉えかたができなくて，人形と見たりさらには，膝の上に何かが存在することを否認すると言

72　第4章　TAT図版から捉えられる臨床情報

われる。

　被検査者が子どもを持つ成人女性である場合には，自分の子どもに対する態度が語られるという。

　ベラック（1954）は，後にいる母親的な女性が子どもに本を読み聞かせているとする場合には，どういう本であるかということは，解釈上大切な情報であると指摘している。

Card 8BM

【説明】青年期の少年が画面からまっすぐこちらを見つめている。片側にライフルの銃身が見える。そして背景は，空想したイメージのような，ぼやっとした外科手術の場面である

【図版特性・反応の臨床的意味と検討】

　この図版は，敵意・攻撃性をあらわす手術，ライフル，ナイフ（メス）と前面の少年をどう関係づけ統合するのか。敵意・攻撃性を語り手がどう処理するのかを捉えようとするものである。この意味においては，根底において被検査者の課題解決能力（知的な力）が重要になってくる。

　背景を手術場面と見る時，手術されている（攻撃性を向けられている対象）のは誰なのか，さらに手術（治療）の結果，治癒したのか亡くなったのかについて分析されなければならない。7BM に続く図版ということもあるだろうが，この図版においては手術をされている，または手術をしている人物は父親が登場させられることが多い。また手術に関わって，語り手の中にある病的ともいえる残忍性，倒錯性が賦活し反映させられることもある。

　攻撃性がアイデンティファイしている人物（自分）に向けられている時には，それは強い自己不全感の現れであると考えられる。

Card 8GF

【説明】若い女性があごに手を当てて座り，宙の一点を見つめている。

【図版特性・反応の臨床的意味と検討】

第 4 章　TAT 図版から捉えられる臨床情報　73

一人で窓辺にたたずみ休憩中で，ぼーと考え込んでいる。あるいは，白昼夢のような世界に浸っている。どのような夢にひたり，画面外にどんな人物を登場させるのか。

　筆者はこの図版において，語り手がこの主人公を通してどのレベルの退行をして考え込み・白昼夢に浸れるのかという視点から分析を深めることが重要だと考えている。すなわち「健康なる退行（healthy regression）」ができるかどうかという観点である。一旦，退行して明日へのエネルギーを蓄えるという，病的な退行ではない健康なる退行ができるかどうかということである。病態水準として健康度の低い人は，この図版に出会うまでに内的にいろいろな揺さぶりをかけられ，この図版に出会うと病的な退行の世界に"はまり込んで"しまうことがあるのである。

　ある程度以上の健康度の見られる人は，この図版で退行的な白昼夢的な世界を叙述しても，その退行は基本的に次の図版に展開していかない。エネルギー論的に見ると，むしろこのような一時的，部分的退行とそこからの回復を通して，自我はエスから生産的なエネルギーを獲得すると考えられる。

　この退行は，クリス（Kris, E. 1934）がいう自我機能すなわち，自我を助ける適応的退行（Adaptive Regression In the Service of Ego：ARISE）に繋がるものである。随意的，一時的に退行することにより，可逆的に柔軟に現実に適応できる自我機能のあり方を言う。この自我機能の柔軟性は自我機能が健康であるためには大切なことである。

Card 9BM
【説明】オーバーオールを着た4人の男たちが，芝生の上に横になり休んでいる。

【図版特性・反応の臨床的意味と検討】

　この図版は，同世代の男性集団の中での人間関係のあり方，持ち方を検討する上で大切な図版である。

　現在，リラックスしている状態，休息をとっている状態が描かれ

ていると見るのが基本であろうが，仕事を終えた後の休息であるの
か，あるいは現在は休息をとっているがこの後，仕事にもどるのか
の違いは重要である。シュタイン（1955）によれば，これから仕事
に戻るストーリィを作る人は精力的，エネルギッシュな人であると
言う。

　また，この図版は同性愛的感情が引っ張り出されることがあると
される。この場合は，異性関係図版との関連において検討せねばな
らない。

Card 9GF

【説明】雑誌とハンドバッグを手に持った若い女性が，木のうしろ
からパーティドレスを着て海岸沿いに走っているもう一人の女性を
見ている。

【図版特性・反応の臨床的意味と検討】

　女性同士の対人関係，ベラック（1954）によれば，とりわけ姉妹
葛藤や母娘の敵意感情を吟味する図版であると言われる。これらの
分析の視点の他にシュタイン（1955）は，異性関係に対する態度が
反映されると言い，男性との何らかの状況に巻き込まれて，そこか
ら逃げ去ろうとする女性のストーリィがよく見られるとしている。

　猜疑心の強い人（パラノイア傾向のある人）においては，「一方が
他方の女性を監視している」とか「スパイされている」というテー
マが見られることがある。

Card 10

【説明】若い女性が頭を男性の肩に寄り添わせている。

【図版特性・反応の臨床的意味と検討】

　図版4に引き続き異性関係，セクシュアルな側面への適応と成熟
性を捉える上で欠かすことのできない図版である。この二人をどう
いう関係として設定するのか。夫婦，老夫婦，父娘，母息子，男と
女，同性の二人……など多彩であるが，左を男性，右を女性として
いきいきとした男女関係を設定し，ぴったり身体を密着させ抱擁し

第4章　TAT図版から捉えられる臨床情報　75

ているところをさりげなくストーリィとして叙述できるか否かが基本である。

　若い被検査者が登場人物の設定を老夫婦とする時には，セクシュアルなことに抵抗があることを示唆している。同性同士の抱擁と見たり，左を男性，右を女性と見ない時には gender identity というようなセクシュアルな問題がある可能性を示している。

　夫婦の抱擁と見る場合でも，その抱擁に至る事情が子どもの事故とか，死などの不幸なできごとによる悲しみを夫婦で慰めあっているというような場合には，家庭内の不安や葛藤の存在が考えられる。このようなストーリィを思春期・青年期の若者が叙述する時には，第1にまだ両親の注目を引きたい気持ちの反映を，次に第二次性徴以降に旺盛になってくる自分のセクシュアルな関心よりもまだ心理的離乳のできないあり方を検討してみるのがよい。また，子どもが親を悲しませるというあり方は，親に対する敵意・攻撃性の表現ということもありうる。

　たとえ喧嘩のようにネガティブな感情による別離でなくても何らかの別離を前提にしての抱擁は，相手に対する潜在的な敵意の反映であると考えられる。

　背景の暗さへの注目，暗闇の中で抱き合っているなどのように画面の黒い部分への反応は，不安感情などの否定的感情に起因する反応であろう。左の人物の口のあたりの黒い部分へのこだわった叙述は，臨床的には離人症体験をもっている場合にみられることが多いと言われる。

　坪内（1984）によれば，親の立場をもつ被検査者が，図版4，10，13MF のいずれにおいても，すっきりとした異性とのセクシュアルなテーマが展開される時には，男・女としての自分が強調され，親としての自分が見失われているサインであると言う。

Card 11

【説明】道路の端は，高い崖の間の深い割れ目になっている。その道路の遥かかなたに，わけのわからぬ形のものがいる。岩壁の片方

から，ドラゴンの長い頭と首が突き出している。

【図版特性・反応の臨床的意味と検討】

　この図版は非現実的で曖昧性の高いものであり，何が起きるかわからないような不安・怖さを感じさせるものである。それゆえに，語り手が未知で不安の高い状況に立ち向かう時の姿勢・態度が反映させられるものである。

　このような図版に向かって，語り手がどのように処理するのかは重要である。ある人は，生き生きと空想力・想像力を働かせてストーリィを作るであろう。またある人は，平板な情景描写に終わり，さらにある人は全く心を閉ざして貧弱なストーリィに終わるであろう。このように漠然とした危機状況との対決の仕方が現れる。この状況との対峙の仕方は，この無意識水準も含めての TAT ストーリィを創る心の作業，さらには心理療法にどう向かい合うのか，心理療法という苦しい「心の作業をやりきっていく」自我の強さを持っているかどうかの情報をも提供してくれる。この点において，心理療法家はこの図版によって "心理療法への適応性" の判断をしようとする。

　坪内（1984）は，この図版には3つの危機イメージが反映されるという。

・ドラゴンに食べられてしまうという死のイメージ（oral aggression）
・崖崩れ，地震，火山の爆発，洪水といった天変地異による死のイメージ
・奥深い山の中で道を失い迷子になり，餓死や病気，けがによる死のイメージ

　これらの死と隣り合わせの危機イメージを叙述する時，その結末が重要であると指摘している。そのまま死に至るのか，死から脱出するのかにより，語り手の「生きるバイタリティ」の強さが打診できる。

　「食べられる」「呑み込まれる」はレイプというような性的攻撃を

暗示することがある。次に崖崩れ，洪水のように自分の足場が崩れ出し根こそぎになるイメージは，identity crisis という視点から検討してみることが必要である。

シュタイン（1955）によれば，この図版に現れる2つの標準的物語（common story）は，恐竜ドラゴンに動物か人間が襲われるパターンと冒険家あるいは科学者が未知の世界を探検するパターンであるとしており，前者は，攻撃性やそれにうまく対処することに対する不安を表す。後者は，危険なもの，新奇なものを探りたいという好奇心を反映していると考えている。また，「動物が暴れている」，「動物により人が追い回されている」というテーマは，性衝動などの本能的なもののコントロールの弱さの反映であるという。思春期・青年期における万能感を反映したストーリィも見られる。藤田（1997）は，「無意識の攻撃性が打診できる」という。

図版2にも見られるが，この図版において「石がごろごろ」しているという叙述は，語り手の根源的不安が反映したものである。

Card 12M

〈説明〉若い男性が目を閉じて，カウチに横になっている。痩せこけた年取った男が若い男の上に身体を傾けている。そして手を横になっている人物の顔の上に伸ばしている。

〈図版特性・反応の臨床的意味と検討〉

若い男性と年長の男性の関係を吟味する上で重要な図版である。さらには二人の男性の位置関係からして，強い男性に支配される不安，受動性・依存性に対する態度が表現される。それゆえに心理療法関係の中で実施した時には，治療者に対しての語り手（クライエント）の構えが反映される。

ラパポート（1968）によれば，この図版は治療者に向けているクライエントの感情を容易に賦活させると言い，上にいる年長の男性に対する不安や恐怖が全く示されなくて，ただ受動的であるストーリィを叙述するクライエントは，心理療法への適応性は低いと考えている。

図柄が年長の男性であることから，父親イメージに近いものが
テーマに現れることもある。

Card 12F

【説明】若い女性の肖像。背後には頭にショールをかぶった気味悪
い年取った女性が，しかめ面をしている。

【図版特性・反応の臨床的意味と検討】

この図版では，若い女性と年長の女性の関係のテーマ，特に被検
査者が中年である時には自分の老いに対する不安のテーマ，自分の
中の二面性のテーマ，後方の女性に母親イメージを重ね合わせる等
の多様なテーマがみられる。

ラパポート（1971）は，この図版は母親イメージ（conception of
mother figures ）を引き出すと言い，母親の悪い部分，受け入れら
れない部分，ネガティブな部分は姑・義母のこととして語ったりす
ると言っている。

Card 12BG

【説明】ボートが森の中の小川の岸にとめられている。絵の画面内
に人物像はない。

【図版特性・反応の臨床的意味と検討】

人が描かれていない図版である。特に緊張感のない，人がいない
自然の風景を叙述するするのか，牧歌的な情景を叙述するのか。あ
るいは，ヘンリィ（1955）が「冒険のテーマ」というように，船に
乗ってきた人は船を，ここにおいて冒険に出かけたのか。この時に
どういう冒険をするのか。

船に乗ってきた人，あるいは船に乗る人はどういう心情なのか。
自然の景色は，暖かい陽射しあふれる花咲き乱れるような情景なの
か，それとも枯れ葉あるいは，雪が降る寒々しい情景であるのか。
ベラック（1971）は，自殺念慮のある人，抑うつ感の強い人は，船
から人が水に転落したり，飛び込んだりする形のストーリィを作る
ことがあるという。

緊張感の反映されない，暖かい陽射しのある情景を物語ることも
あることから，この図版を「口直し図版」として，一連のＴＡＴの
最後の図版において，極めて高い緊張感を示すストーリィを作った
ときには，その後にこの 12BG を口直し的に実施して，リラックス
したストーリィを作ってもらうという考え方があるが，私は必ずし
も適切な方法と考えない。

最後の図版において，向かい合っている臨床家としてそういう心
配があると受けとめたならば，アセスメントとしてのＴＡＴを終え
た後に，その心配に対応する面接時間を持つべきであろうと考える。

Card 13MF

【説明】若い男性が頭をうつむかせ腕に顔をうずめて立っている。
彼のうしろには，ベッドに横たわっている女性の姿。

【図版特性・反応の臨床的意味と検討】

男性の向こう側で，上半身裸の女性がベッドに横たわっていると
いうあからさまな性的刺激場面を，どう物語るか。どういう時間的
経過があって，二人の男女がこのような状況にいるのかをどのよう
に物語るかである。異性（恋愛・夫婦関係を含めての）関係，性的関
係に関して成熟性のある被検査者は，時間的継続性のある男女関係
における相互交渉的な性的場面として叙述できるであろう。

しかし，性的関係を叙述しても性的関係の後に女性を殺したとか，
二人の関係はその場限りの関係性であったとか，風俗関係の女性と
の性的関係であるとかの場合には，性に対する態度を含めての異性
関係の成熟性の検討が重要になる。

女性を認知しながらも，女性が病気であるとかすでに死んでいる
（病気・自殺・他殺などによる死）としたり，女性そのものではなく
マネキンであるという場合には，性の拒否や性の叙述できなさの背
景にある異性観とか性に対する態度，成熟性の検討が必要である。
また女性が死んでいるとか病気の場合には，敵意・攻撃性の視点か
らの検討をしなければならない。

女性の殺人がテーマになっている場合，自分の内にある性衝動へ

の成熟した感覚での対応・受けとめのできなさということも考えられる。自分の内から湧き上がってくる性衝動と異性に対する親密さや関係性を深め育みたいという成熟性が融合できていないと考えられる。

　シュタイン（1954）は，26歳の未婚男性のプロトコルを分析解釈するなかで，母─息子とする場合には，未解決のエディパル問題を含めた葛藤を示唆すると言っている。またラパポート（1968）は，性と性のパートナー（sexuality and sex partners）に対する考え方と態度がほぼ反映されると言う。

　この男性が女性を殺したとする場合には，そのことから発生するはずの罪悪感が，その後のストーリィの中でどのように語られるのかは重要である。これは，被検査者の超自我機能を検討することにつながる。この図版により性に絡みながら惹起される強い攻撃性，罪悪感がこの図版の中で処理されない時には，この図版を超えてこれ以降の図版のストーリィに影響を与える。

　現実生活において性的に，放らつ・放蕩な生活をしている10代後半から20代後半くらいの青年であっても，この図柄をしっかり取り入れた男女のセクシュアルなストーリィは，驚くほど作れないものである。

Card 13B

【説明】男の子が丸太小屋の戸口に座っている。

【図版特性・反応の臨床的意味と検討】

　この少年がひとりで戸口に座っている事情は何なのか。両親は不在なのか，不在の理由は何か。この両親の不在に，少年はどう対応するのか。両親，家族，家庭に対する子どもの心情が反映される。家族や家庭に対するネガティブな感情は，家の中の黒い・暗い部分に投影されることが多い。

　この丸太小屋の中に，人がいる場合には誰がいるのか，その人は何をしているのか，この少年とどういう関係があるのかは重要である。

Card 13G

【説明】女の子が螺旋階段をのぼっている。

【図版特性・反応の臨床的意味と検討】

ベラック（1971）は，経験的にはあまり有効な図版とは思えないと言っている。この図版に積極的な意味を見出している研究者は見当たらないと言っても過言ではない。

Card 14

【説明】明るい窓に向かっている男性（または女性）のシルエット。絵のほかの部分は全部黒である。

【図版特性・反応の臨床的意味と検討】

窓と見られることが多い明るい白い部分と対比的な黒い暗い部分をどういうストーリィの中に組み込むのかがこの図版の分析の重点である。白い明るい部分には，外界との関わり，野心，希望などを反映させることが多く，この白さに明るい将来を設定できないときには自殺念慮，自殺願望が反映されることがよくみられる。黒い暗い部分には心の内面の葛藤，過去の苦労など野心，希望とは対極的なあり方が反映させられる。黒い部分に何かがいるとする場合は，病的な不安の存在が考えられると言われる。

主人公の現在，また将来は白い部分，黒い部分のどちらの世界に関わっているのかも分析上，重要である。ただ「前夜からほとんど徹夜でエネルギッシュに仕事に取り組んでいた男性が仕事を終え，早朝になり高層ビルの窓から朝日に輝く街を見て満足感にひたっている。この後，部屋の中の暗い部屋で一眠りして会社に出かける」というように，暗い部分が「静かに休息する場所」くらいであり，とりたててネガティブな意味をもたないこともある。

ヘンリィ（Henry, WE. 1955）は，この図版に描かれている人物像は男性と見るのが普通であり，女性と見た場合には，語り手の特異な心理を反映させている可能性があるという。ベラック（1971）もこの人物の性別をどう見るか（sexual identification of the figure）は重要な情報であるとしている。また窓から飛び降りるストーリィ

をつくる人には，自殺傾向が疑われると言う。

安香宏（1997）によれば，この図版において「人物が家の外壁に張り付いている」という認知はなんらかの病理を想定するレベルの知覚の歪曲であるという。

Card 15

【説明】両手を硬く握り合わせた気味の悪い男が，墓石の間に立っている。

【図版特性・反応の臨床的意味と検討】

自分の中にある攻撃性・敵意のあり方，処理の仕方を分析，検討する図版である。14 までの図版において攻撃的テーマを叙述して，語り手の中にある攻撃性・敵意が適切に処理されていない時，その未処理になっている心的エネルギー（攻撃性・敵意）を，この図版において処理することが見られる。

次に示すプロトコルは，13MF において殺人を犯して強い罪悪感をもち，その罪悪感が図版 14 を飛び越えて 15 に持ち込まれている。罪悪感がこのように複数の図版に連動することは，ある面では人間として通常の健康感覚があるからこそとも考えてよい。

「……女は男に殺されてしまった。男は後悔している」（13MF）「……地獄に落ちてしまった男。悪いことをして，地獄をさまよっている。男は地獄で罪を償う」（15）

また 13MF において性衝動が処理しきれない時，そのエネルギーはその性衝動と同程度のエネルギーを持つ攻撃性，罪悪感に置き換えられて，この図版に現れることがある。また，この墓に葬られて死んでしまった人は，語り手の攻撃・敵意の対象である。その死んだ原因が病気であっても，事故であっても，自殺であっても語り手の攻撃・敵意の対象と捉える。それゆえに，それに伴う感情，罪悪感がどの程度，どのように語られているのかを吟味する必要がある。

語り手が最近，近親者をなくしている場合には，そのことに対する感情が打診できる（Bellak, L, 1971）。また，この図版には愛する人のような近い距離にある人を失った孤独感，死に対する不安，老

第4章　TAT 図版から捉えられる臨床情報　83

いに対する不安・恐怖のテーマが反映させられる。

Card 16

【説明】白紙の図版である。

【図版特性・反応の臨床的意味と検討】

　被検査者は，この図版を提示されると間違いではないか，検査者が間違えて図版の裏側を提示したのではないかと言ったりすることもある。間違いではなく，他の図版に対してと同様に，この白い図版に対して現在〜過去〜未来のストーリィを作るのだとわかると，ある場合には「これでは，何も思い浮かびません」と言ったり，またある場合には「白いウサギがいます」と言ったり，ある場合には，白い図版に何かを映して生き生きとストーリィを作ることも珍しくない。

　この図版に対する上記のような反応の違いは，被検査者のTAT状況に対する捉え方や検査者と被検査者の関係の良さ，悪さの反映であると山本（1992）は言い，検査に乗り気でない被検査者，検査者の言動に反発を感じている被検査者，検査状況に敵意を感じている被検査者たちは，この図版を見てまさに，白けた反応をするとしている（Henry, WE, 1956；山本，1992）。何も描かれていない白い図版は，語り手（被検査者，クライエント）と聴き手（検査者，セラピスト）の間にある空間であり，その空間がどれくらい許容的であるのか，どれくらい自由であるのかという問題に繋がってくる。自由になれる，受とめてもらえると語り手が感じた時に，「今まで語ってきたストーリィの中で，だんだん形になってきた不安・問題点」や「語り手が直面している人生の課題」がこの16枚目において，あらわになってくるのである。

Card 17BM

【説明】裸の男がロープにしっかりつかまっている。彼は登っていくか，降りてくるかの状態である。

【図版特性・反応の臨床的意味と検討】

この図版は，男性にとり自分の中にある男性性についての自信，あるいは自信のなさがテーマになりやすい。この男性の裸の逞しさを叙述する時は，男性性へのこだわりとか，ナルシスティックな傾向を暗示している。特に画面外に観客等を設定し，筋肉的な技を披露しているとする時には，語り手の自己顕示性の反映と考えられる。

　周囲との関係でいうならば，周囲はこの主人公に対して援助的なのか，邪魔をする関係なのか，見守る立場での関係の仕方なのかについては，この図版の TAT ストーリィを分析するために重要である。

　ベラック（1971）は，この図版に描かれている人物の身体的特徴の小さな部分にこだわり，そこに固執する語り手は，対人関係において，些細なことにこだわり，緊張してしまう人であろうと言っている。

　この男性がロープにつかまり登っていると見るのは，活動性を表し，降りていると見るのは，非活動性を反映していると考えられる。

　この図版の要素，構造は単純であるがゆえに，この人物の描写のあり方から語り手の投影，否認，同一視などの防衛機制の反映が捉えやすいとも考えられる。

Card 17GF

【説明】水面の上に橋がかかっている。橋の手すりにもたれかかっている女性の姿。背景に高いビルディングと男性たちの小さな姿。

【図版特性・反応の臨床的意味と検討】

　この図版は，橋の上にいる女性のみに視点を向け，語り手の内面を反映させた心境を中心にストーリィを作るのか，あるいは橋の下にいる男たちと関係付けてストーリィを作るかである。前者の場合には，語り手の中にある否定的な感情が反映しやすいと考えられ，後者の場合には，語り手の中にある他者志向的な自己のイメージが語られるという。また，この図版には望みのかなわなさ，不幸感，あきらめの感情が反映されやすく，さらには橋から身投げをするという自殺念慮の打診に有効な図版であると言われる。

第 4 章　TAT 図版から捉えられる臨床情報　85

黒い太陽という捉え方は，いろいろなレベルでの不適応感の反映だと思われる。

Card 18BM

【説明】男の人がうしろから，3本の手でぐっとつかまれている。彼の敵対者の姿は見えない。

【図版特性・反応の臨床的意味と検討】

図版の絵柄に見られるように，背後からの手を得体の知れぬ力・攻撃・脅かすものと認知する時に，その不安・攻撃にどう対応するのか，どのようにコントロールするのか。さらにその恐怖の源泉となっているものは何かというのが分析の視点である。例えば，酔っぱらって友人に家まで運ばれるというように，背後からの手を，後から支えてくれる援助の手であるとする場合もある。語り手が自分の周囲を援助的と感じているのか，脅威的なものと感じているかによる違いがここにある。

シュタイン（1955）は，このカードにはアルコール依存，薬物依存に対する語り手の態度を表すこともあるという。

Card 18GF

【説明】女性が手をもう一人の女性ののどに回し，首をしめている。そのもう一人の女性は，階段の手すりに押し付けられているように見える。

【図版特性・反応の臨床的意味と検討】

この図版では，マレーが図版の説明の部分で言っているように，上の人物が首をしめている（攻撃をしている）というテーマを叙述する場合と，上の人物が下の人を介抱している，世話をしている（援助・救助している）というテーマが現れる。

ただ，首を絞めるなどという攻撃場面は，あまりにもなまなましいので，下の人を叙述する時に「階段から落ちて怪我をした人」とか，「悲嘆にくれている人」という防衛的加工を施すこともある。母と娘と人物設定をする場合には，中心的なテーマは娘の母親から

の自立である場合が多い。すなわち母娘葛藤（mother-daughter con-
flict）が語られるのである。

Card 19

【説明】田舎の雪に覆われた小屋に，雲のような形のものが覆いか
ぶさっている奇妙な絵。

【図版特性・反応の臨床的意味と検討】

　この図版は提示すると図柄の曖昧さ故に「どちら向きですか？」
と訊かれることが時々あるように，全体としての絵のイメージを自
分なりに把握して，ストーリィを作るためには，機敏に状況判断す
る知覚的統合力の有無が問われることになる。この機敏に判断でき
るエネルギーが脆弱である時には，「ピカソの絵のようなもの，抽
象画です」「子どものいたずらがきです」「何なのかわかりません」
というような回避や反応拒否（rejection）・抑圧となる。したがって，
この曖昧図版で回避や反応拒否のようなものではなく，まとまった
ストーリィといえるものが作れるということは，健康な適応力，エ
ネルギーが備わっている状態（人格）と判断できる。

　「……ん……意味が分かりません……えー……全然意味が分から
ない。こちらが下ですか……全然，意味が分からないんだけど。小
さい子が描いた絵かな……本当は白黒ではなくて，カラフルな絵
……海と空……変わった子で，ピカソみたいなちょっと，よくわか
らない絵を描いた。うーん，よくわからない……」

　この TAT プロトコルは，刺激の曖昧さに巻き込まれてしまって
おり，曖昧さを取り入れた上で，それを乗り越えるようなストーリ
ィを作ることができていない。このようなプロトコルは語り手の適
応力の悪さ，不健康さを表している。

　この図版では，「荒れている海の中の船」「雪の中で，雪にうもれ
ている家」というテーマがよく現れる。外は大荒れの海であったり，
大雪であったりしても，船の中や家の中は"暖かさやくつろぎの世
界"がある時には，発達課題としての母親との基本的信頼関係は，
十分に乗り越えられていると考えられる。船の中，家の中にほのぼ

のとした空間が語られなくて，冷え冷えとしており廃墟であるような時には，母子の基本的関係に重大な問題があることが想定できる。この問題は Basic trust に繋がるような深いレベルの問題であることもありうる。

　船，家という枠を設定することにより，曖昧刺激に対応しているわけであるが，その枠に囲まれた空間をどう処理するかにより健康度は大きく異なるのである。

　「火事でめらめらと燃えており，黒い部分は燃えカス」という見方をするのは，衝動性が高まっており，感情統制の悪さの反映であると考えられる。

　ベラック（1971）は何故か，この図版については，子どもに対しては意味があるかもしれないが，それ以外には注目すべきことはないと言い切っている。

Card 20

【説明】真夜中に街灯にもたれかかり，ぼんやりと光が当たっている男の人（あるいは，女の人）の姿。

【図版特性・反応の臨床的意味と検討】

　語り手は，この図版に向かい合うことにより，いままでの TAT の 19 枚の心の旅を終えての現在の心境において，今までの旅（人生）を振り返りつつ，これからどうするのか，どうなるのかという未来に関してのストーリィが語られる。

　「現在は，恋人とか友人を待っている」という設定がかなりの頻度で見られる。この設定は，対人関係，人との絆を求めていることの反映と考えられる。この時，この待ち人が来るか，来ないかという結果の方向は大切である。

　ヘンリィ（1955）は，この図版は潜在的に孤独感・孤立感を引っ張り出す図版であり，この孤独感・孤立感を TAT 物語の中にどのように取り入れているかは，この図版を分析する上で重要であると指摘している。

　心理療法的に関わっているクライエントが語り手（被検査者）の

場合であると，この主人公がこれから，この今いる場からどこへ向かっていくのかに強い関心を持って，この図版の分析をするであろう。家族が待つ家庭に帰っていくのか，帰るところがなく，ずーっとこのままここにいるのか，来そうにない誰かを待ち続けているのか，待ち人が来ないのでとぼとぼ歩き始めて寒さで凍てついた山の中に入っていくのか……家族はいないが自分の家に帰っていくのか。ここには，周りに対しての期待度，人間関係のふれあいを求める希求度の違いがあり，この違いは治療者とのつながりを舞台設定として，心理療法という苦しい心の作業をする動機付けをどれくらいもっているのかに関わるのである。

　坪内（1984）によれば，この図版において，よい意味での自己洞察が語られる場合には，心理療法効果が期待できるという。また，この図版のぼんやりとして曖昧性が高いという特性により，歪曲度の大きい反応が出現しやすいと言い，見られやすい歪曲反応の種類を次の3パターン挙げている。

①人物の顔が闇に溶けていて顔がはっきりしない，または下半身がない。あるいは，全体に霧がかかったようにぼんやりしているとするパターン。この歪曲パターンは，離人体験のある人に多いという。
②爆発の光景を見る。宇宙の星の爆発とその小さなかけらと見る。戦争での爆弾の破裂。飛行機事故で機体がばらばらになっているというこれらの歪曲パターンは，統合失調症圏とか重篤な人格障害の人に見られるとこが多いという。
③深海の風景と見て，魚がいたりする。または深海に潜水艦がいると見るパターンは，軽い人格障害の場合に見られることが多いという。

文献

安香宏（1997）／安香宏・藤田宗和編「臨床事例から学ぶ TAT 解釈の実際」新曜社

Bellak, L（1971）The TAT & CAT in Clinical Use. New York: Grune & Stratton

藤田宗和（1997）／安香宏・藤田宗和編「臨床事例から学ぶ TAT 解釈の実際」新曜社

Hartman, AA（1970）A Basic TAT Set. Journal of Projective Techniques and Personality Assessment, 34, 391-397

Henry, WE（1956）The Analysis of Fantasy. New York; John Wiley & Sons.

Kris, E（1934），馬場禮子訳（1976）「精神分析双書 20 ──芸術の精神分析的研究」岩崎学術出版社

Murray, HA（1943）Thematic Apperception Test Manual. Harvard College

Rapaport, D（1968）Diagnostic Psychological Test. International Univercities Press

Stein, MI（1955）The Thematic Apperception Test. Addison Wesley.

鈴木睦夫（1997）「TAT の世界」誠信書房

坪内順子（1984）「TAT analysis」垣内出版

山本和郎（1992）「TAT かかわり分析」東京大学出版会

第5章　TATで病態水準を捉える試み

第1節　防衛機制から病態水準を捉える

　クレイマー，P（1991, 1996）は，防衛のあり方は，TATストーリィにおける思考プロセスの形の違いとして捉えられ，この思考プロセスは，ストーリィを語る言語行動から推論できると考えている。防衛機制は複雑な心理的プロセスであるため，一つの防衛機制は，一つの思考のプロセス（比較的広範囲にわたる言語行動のサンプル）のさまざまな形式（form）と内容（content）において捉えられると想定している。

　病態水準を捉えるためには，防衛機制をTAT　プロトコルから読み取るというのは，極めて重要な視点である。しかしこの側面からのTAT　研究は，いまだ不十分である。例えば，クレイマー（1996）の"TAT and Psychopathology"の章において，境界性パーソナリティ障害の病態との関係について述べ，splitting（分裂）とprojective identification（投影性同一視）が取り上げられているが，病態水準と防衛機制を包括的に考察するという点に関してはほとんどなされていないと言ってよい。

　以下，防衛機制についての説明と，その機制のTATストーリィ上への現れ方などについて説明しよう。

（注）ただ，TATプロトコルから，防衛機制・防衛水準を捉えることには常に困難が伴い，現段階においても未だ精査を重ねる状態で検討中であることをご理解いただきたい。

(1) 原始的（一次的）防衛機制
【否認 denial】

　否認は「外界の知覚に関して働くメカニズム」であるために，抑

圧より TAT プロトコル上で同定しやすい。その内容を一旦は知覚しているところが抑圧と違うところであると言われる。

図版2　木に寄りかかった右の女性を「ほっそりとしてやせており，よく均整のとれた女性」と見る

図版1　においてバイオリンを省略するなど，大きな部分を省略する。

図版3BM　ピストルを見ない。

図版4　壁のポスターの女性を見ない。

図版11　図柄の特徴である息詰まるほどの感情を表現しない。

図版1　において「彼は，今食事をしている」というように誤認する。

・ポリアンナ的否認（外界から向けられる敵意とか圧迫感を否認して，楽しく陽気，可愛らしいイメージを語る）といわれる形をとるもの

・ポジティブなものを極端に過大化，ネガティブなものを極端に過小化する表現

図版13MF　において「彼らが結婚しているかどうか知らない。ちょうど sex したところかどうかわからない。私には何の考えも浮かばない……」というように，情緒の表出をしないために，否認を多用することがある。

【分裂 splitting】

「良い〜悪い」「好意〜敵意」などのように両極性の表現を同一の図版において共存させるあり方であり，たとえば図版2とか9GFなどにおいて，「こちらの人は優しい人で，あちらの人はとても意地悪な人」という TAT プロトコルの表現として見られる。

また，同一の図版で，一つの情緒的反応をし，次にその反対の状態にも見えるという場合も splitting である。さらに同一図版の同一人物について，「この部分を見ると優しそうな人，こちらの部分を見ると意地悪な人です」も splitting に当たる。

【投影性同一視 projective identification】

分裂した自己の一部分（good あるいは bad な部分）を対象に投影させるという意味では，分裂を基盤とした原始的な防衛機制であるが，さらに対象の中に見る自己の投影した部分を対象と同一視するのである。そしてその結果，憎しみと襲われるのではという怖れの状況になる。この状況は TAT ストーリィの中における一方の他者に犠牲がでるまで終わらない。

　この投影性同一視が TAT ストーリィに現れている具体例として，クレイマー（1996）は次のプロトコルを提示している。

　〈18GF〉この二人が何をやっているのか全くわからないですね。一人の女がもう一人の女を絞め殺しているように見えます。この二人の女性は何年か一緒に家に住んでいて，その家に一緒に住んでいるにもかかわらず彼女らはいつでもばらばらで離れている……2 本の金属の棒がどうしても曲がらないように。彼女たちはこのような関係をお互いに強要していて，一人が死ぬでもしない限りそれから抜けることはできない。遂に，死という解決策が必要になった……とても厳しく縛りつけ合うようになっていたので唯一の解決策のように思われた。それでこの一人の女はもう一人の女を絞め殺した。そしてその後はそれでも自由ではなかった。それがその結末です。

　この TAT ストーリィに見られるように，自分の思いを投影した相手をコントロールし支配しようとする，自分の中の攻撃性を，ある対象に投影する。投影することにより，その攻撃性は自分自身に属するものであるとは認識しなくなってしまい，投影した対象が何か他の者を傷つけないか，他の存在に対して攻撃性を向けないかと心配する。この理解に基づいて，ある意味では投影対象に対して余計なお節介をするのが投影性同一視である。

【解離 dissociation】

　ナンシー・マックウィリアムズ（MacWilliams, N, 1994）は，解離を原始的防衛機制に分類している。次のような解離とスプリッティングの類似性を考えれば，それは納得できる。抑圧は意識的なるものと無意識的なるものを上下に水平の抑圧障壁によって分けられ，

第 5 章　TAT で病態水準を捉える試み　93

解離とスプリッティングは意識的体験を垂直の障壁によって分けられる現象である。垂直障壁により意識体験，心的内容が分けられているために，自己感覚，同一性感覚に障害がもたらされ，自己の断片化という状態に陥ることになる。この解離とスプリッティングの類似性に対して，スプリッティングは「よい」「悪い」等の極端に分極化する特徴をもつのに対して，解離はもっと幅広くさまざまなものを分割するのである。

　解離には，解離を引き起こすことになる外傷的体験となる出来事があり，その衝撃的な外傷体験に遭遇し，巻き込まれた時に，私たちの心身が衝撃的な苦痛を避けるために起こる心理的な現象である。すなわち，圧倒されてしまうような体験，記憶，葛藤などにより，心が混沌となり，解体してしまわないように防衛するためのメカニズムなのである。この解離というメカニズムを使うことによって，そういう衝撃的な体験から自己を引き離し，切り離してくれるのである。

　ラーナーら（Lerner, PM, 2003）は，万能感という共通項において解離と否認の類似性を指摘している。「その万能感によって，人は空想を生き抜き，あたかも過去の外傷体験が起こらなかったかのように行動したり，感じたり，またあらゆる不快な状況から魔術的に立ち去ることができるのである」というのである。

(2) 二次的防衛機制
【抑圧 repression】

　TAT のプロトコルにおいて，抑圧をとらえるのは，簡単ではない。プロトコルに現れる形式的な特徴において指摘することが難しいと言われる。TAT へのかかわり方全体から「抑圧」という防衛機制が働いているのではないかと推測することが中心となる。

　・TAT には，とても協力的であり頑張っているのに，ストーリィの生産において抑制的であり，プアーな生産量である。また何もストーリィが浮かんでこなくなって「……えー，何？　こ

れ意味が分からない。何でこんな黒いの？　えー，意味がわからないんですけれど……えー？　何？……難しい」と思考の制止とでも思われるような表現をする。また初発反応の遅れとしてあらわれることもある。

・図版の図柄特性の影響をストレートに受けたラパポートの言うクリーシェ（ありきたりの反応）とも言えるストーリィであり，個性的で自由な表現に欠ける TAT プロトコルとして見られる。

【隔離（または分離）isolation】

　小此木啓吾・馬場禮子（1972）によれば，「分離は，本来，一定の関連や脈絡があるはずの観念と観念，観念と感情，場面と場面，一定の時点と別の時点，特定の意識状態と他の意識状態，など両者の関連や脈絡を自覚することの回避である。つまり，この関連を意識することによって生ずる不安，罪悪感，恥，などの情緒体験を避け，主観的安定を維持する無意識的な働きが，防衛としての分離である」と言う。

　この分離は健常の状態においても適応的に働く分離があると考えられる。例えば家庭，職場の状況に合わせて意識，態度などを適応的に調整し，それらの状況の関連を一時的に忘れるのはこの分離の働きによる。分離は，基本的には恐怖感，不快感などを引き起こす場面との間に時間的，空間的距離を挿入して，これらの興奮を鎮める試みである。時間的，空間的距離の挿入で対処できないときには，魔術的な行為（強迫的な儀式）により分離を完成させようとすることもある。

　この分離は，TAT プロトコル上においてどういう現れ方をするのであろうか。

・図版の部分についての単純化されたストーリィを作ることにより，図版全体が持つ情緒性を分離させる。
・ストーリィに情緒性を入れないで，論理的，説明的，客観的に作る。客観的かつ正確に細部を叙述する。

（6GF）「この女性は，家で寛いでいるところ。……その時，後
　　　からお父さんが近寄ってきました。……これから，この女性
　　　は……性行為をさせられる……終わりです」

・陰影・濃淡により区切られている部分についても，細かく叙述
　しようとする。

・ストーリィを作るのではなく，図版がどのように見えるのか，
　見えがどのように変容したのかを，説明しようとする。

【投影 projection】

・図版にない人物を導入する

・無気味な人，幽霊，動物などを追加導入する。

・図版のある部分について，詳細かつ念入りにストーリィを創る
　時に，投影のメカニズムが考えられる。

・**図版1**において「彼は，軽蔑してそれを見つめている」

・**図版17BM**において「彼は，いやなやつだ。彼は人殺しだ」
　のように，登場人物に攻撃性，敵意の感情を見る。

・死，怪我，襲撃を認識するパターン（Cramer, 1991）
　「彼は彼女を殺した」「彼は落ちて，足を骨折した」

・追跡，わなにかけられる，逃走などを認識するパターン
　（Cramer, 1991）
　図版17BM「火事が起こって，彼は窓から逃げようとしてい
る」

・奇妙で，通常あり得ないストーリィ，テーマ（Cramer, 1991）
　図版1「これはのこぎりで……彼はのこぎりで机を半分に切
った」

【同一視 identification】

・**図版1**において「バイオリンを持って，お父さんと同じくら
　い凄いバイオリニストになれるかな」と考えている。このス
　トーリィのように，若者が年長者の技術的なものを模倣して取
　り入れようとする形において，しばしば見られる。また，特性

とか態度を模倣しようと形でも見られる。「ジャックと豆の木の話で……彼は巨人になろうとしていた」

・仲間たちとの交流を通しての成功感とか満足感の表現，あるいはそういう仲間たちと関わることへの欲求の表現に見られる自尊心，例えば**図版9BM**において「彼は仲間たちと協力して，自分たちが生活する立派な家を作っているところで，ほぼ出来上がり今，みんなで休憩しているところです」というストーリィに見られる。

これらの防衛機制において，原始的防衛機制は病態水準の低い精神病水準，パーソナリティ障害水準との関連性が強く，二次的防衛機制は神経症水準の病態との強い関連性が指摘される。

第2節　防衛のレベルを捉える

次に防衛の視点から，病態を捉える考え方には，鑪幹八郎（1998）の夢のストーリィに見られる防衛のレベルを捉える理論がある。鑪は夢のストーリィに見られる防衛を，(1) 防衛破綻（精神病的人格構造）レベル，(2) 原始的構造（境界例的人格構造）レベル，(3) 防衛過剰・不足（神経症・不適応的人格）レベルの3つの病態水準で捉える考え方を提案している。

この3つのレベルについて，夢分析の視点から叙述しているが，ここではTATのプロトコル分析にも適用できそうな部分を抜粋する。

精神病的人格構造レベルの人たちの特徴として，自我境界の曖昧さ，対人的な敏感さ，病理（妄想）傾向の深まり等を指摘している。境界例人格構造レベルについては，次のように説明している。

現実と内的世界との区別がつかない経験を時々する人であり，「境界例の夢」の特徴は，怒り，攻撃，破壊，性的な関心など原始的な衝動が夢の中で演じられることが多く，突然破壊的なものが現

れるなど歯止めのきかなさが印象的であると言う。性的な関心が表現される場合は，性的欲求がむき出しになることが多い。さらに，表現の仕方や内容に対する感想や情緒的な関心の薄さという特徴が見られることもあるという。

神経症・不適応的人格構造レベルの人たちは，夢分析の内容が一番役に立つ人たちであると言い，具体的内容，中身については前掲書の中では触れていない。このレベルについては，フロイトの精神分析において対象にされた基本的な病態であり，前節で述べた抑圧を中心として，取消，隔離（分離），反動形成，退行，置き換え，などの防衛のあり方を捉えることになる。

　この鑑の理論における3つのレベルにTATプロトコルから具体例を当てはめて考えてみよう。

（1）防衛破綻（精神病的人格構造）レベル

〈事例1〉**13MF**：男が一人，のっぽ。女が寝て，オッパイが大きい。本2冊，電気スタンド，机もある。壁に耳あり。（男と女の関係は？）肉体関係，男が考えている。オッパイをどうぞと女が……男が泣いていて……（どうして男が泣いているのか？）もうないよ（これから？）わからん。

〈事例2〉**20**：北海道……霧……口が二つあって……犬の目……で，花が咲いている。忘れ名草。（これから？）考えれん，頭が痛くなってきた。

〈事例3〉**2**：＊＊の○○おじさんの農家のお婆ちゃんの妹だった人がお子さんで，海にしか海水浴にいけない所。そこで苦労しながら，一生懸命頑張っている。来年こそ，よい収穫があるように……娘さんがいるので，大きくなったお孫さんがいるので，幸せになってねと……苦労してきたもんね……（どれが誰ですか？）これが私，お母さん，○○おじさん。これはお母さんだけど，お父さんも一緒になっている。

私のために苦労したもんな……。

　これらの 3 つの事例を防衛破綻・精神病的人格構造レベルに分類
される TAT プロトコルと判定した理由を説明する。
　〈事例 2〉においては，「口が二つ」「犬の目」など恣意的思考と
も考えられる外界認知によるものであり，これは明らかに精神病水
準の病理的傾向と捉えられる。〈事例 3〉においては，図版の絵柄
が刺激となり，図版の絵柄を叙述するレベルを超え，図版との距離
が全く取れなくなって自分の心理的世界，日常的世界がそのまま描
写されてしまっている。自分と図版の間に自分の心を守ってくれる
自我境界機能がなくなってしまっており，まさに防衛は破綻してし
まっているのである。同じように防衛の破綻は〈事例 1〉にもみる
ことができる。また「壁に耳あり」という表現の裏には病理性を感
じさせるし，「（男と女の関係は？）肉体関係」という論理的ずれは，
思考の病理の反映である。
　この防衛破綻レベルの表現が図版の 1 枚だけに見られて，他は病
理的に問題のないレベルの表現ということは通常ありえない。ただ
し臨床経験的に言えば，発病初期の場合は，次の（2）レベルの中
に，（1）レベルが点在するということが考えられる。

（2）原始的防衛（境界例的人格構造）レベル
〈事例 4〉8BM：女性がライフルで，人を撃ってしまって……この
　　　　　　　撃たれた人は……女性のストーカーですかね。ストーカー
　　　　　　　をやっており，女性は身の危険を感じ，撃ってしまったと
　　　　　　　思います。……（この後は？）助けられている場面を，背に
　　　　　　　みながら……内心では……銃で撃ったことを悔やんでいま
　　　　　　　すが……まあ，女性は……この後，男性は助からず，この
　　　　　　　女性はホッとしたと思います。

〈事例 5〉15：この人は……殺人鬼で，たくさんの人を殺してきて，
　　　　　　　今……お墓の前で……何人殺してきたか数えているところ

です（どうして殺したの）殺すことが好きだったから……
（今後は）今後も続けていくんだと思う……。

〈事例6〉**9GF**：なんか海で，近くの，海辺のところにあるリゾート
　　　　ホテルの，この人たちは従業員で，そこが火事になったか
　　　　ら逃げているんです。一目散に逃げている。火事になって
　　　　いるんで。ほんとはお客さんを誘導しなくちゃいけないの
　　　　に，そんなことはどうでもよくて，とにかく一緒に逃げて
　　　　いる。それで火事が始まってから，またその所に戻って，
　　　　自分は関係ないと言ったら，あれだけど，火事になったこ
　　　　ともしょうがないねって思うくらい。

　これらの事例4～5を原始的防衛・境界例的人格構造レベルに分
類できると判定した理由について説明しよう。
　攻撃性（aggression），破壊性という原始的な衝動性が，3つの事
例においては「人を撃ってしまって」「殺人鬼で，たくさんの人を
殺して」「火事になった」という描写に見られるように，十分に防
衛されることなく表現されてしまっている。原始的な衝動がむきだ
しに近い形で表現されている。自分の中のこういう衝動はそのまま
の原型で直面しないように，心の安全装置といわれる防衛機制が働
かないと，私たちの心の健康は保たれにくいのである。
　ただ，この原始的防衛レベルを反映した表現と思われるものが，
1枚の図版に見られたからその人は境界性レベルの人であると短絡
的に即断することには，総合的な臨床的判断の中で検討する注意深
さが必要になる。特に青年期における場合に，通常の適応的生活を
している青年が1～2枚の図版において，原始的レベルの防衛を示
すことはあり得るくらいに考えておくのが臨床的には重要である。

(3) 防衛過剰・不足（神経症・不適応的人格構造）レベル
〈事例7〉**5**：（15″～1′19″）誰かいないのかな……気のせいだった
　　　　かな……。

〈事例8〉 **2**：（54"〜1'14"）彼女は，今から持っている本を返しに行く。図書館に。この本の感想はとても感動的だった。はい。

〈事例9〉 **7GF**：（14"〜3'04"）お金持ちの女の子とその妹，妹を手に持っていて，赤ちゃん，隣に召使の女性がいる。まだ女の子は小さいので女の子と赤ちゃんと一緒に召使の方が子守りをしてて，召使の女性が一生懸命，本を読んであげているんですけど，女の子は，家の外を窓からずーっと遠くを見てて，赤ちゃんを落っことしそうな感じで，ぼーっとして，よそごとを考えている感じです。召使の方は，それに気づかずに，無神経にただ，本を読んでいて……（後略）

これらの事例を防衛過剰・不足（神経症・不適応的人格構造）レベルに分類した理由を説明しよう。

〈事例7〉は，打消し・取消（undoing），〈事例8〉は，周りの対人関係（家族）を抑圧（repression）しているものと考えられる，〈事例9〉においては，プロトコルの後半部分に離人症状的な表現が見られており，防衛のメカニズムとしては，全体として隔離（isolation）を思わせるような感じになり，情緒を表現しないプロトコルになっている。

以上の防衛機制に関わる第1節，第2節については，第1節の細部で見る視点と，第2節の病態水準という大枠構造で見る視点の組み合わせが重要であろう。

文献

Cramer, P（1991）The Development of Defense Mechanism. Springer-Verlag

Cramer, P（1996）Storytelling, Narrative, and the Thematic Apperception

Test. Guilford.

Lerner, PM（1998）Psychoanalytic Perspectives on the Rorschach. Psychology Press

MacWilliams, N（1994），成田善弘監訳（2003）「パーソナリティ障害の診断と治療」創元社

小此木啓吾・馬場禮子（1972）「精神力動論」医学書院

鑪幹八郎（1998）「夢分析と心理療法」創元社

第6章　精神病理学的アセスメントを するための情報

　いろいろな TAT 研究者たちが精神病理学的アセスメント基準として，考えている TAT プロトコルに関する情報を未整理の段階のままであるが，羅列的に提示する。(多くの研究者が同様のことを基準として提起していることが多いため，明確になっている項目を除き発表者名を省略した。)

統合失調症
①物語が図柄刺激から，はなはだしく離れており，貧弱に構成され，奇妙なストーリィ。一貫した思考障害の存在。
②「死の状態」について述べる。極度な感情の貧困化。
③人物の表情特徴の欠如。
④登場する人間の関係性が述べられない。
⑤解体型の場合，母子関係がほとんど叙述されない。
⑥過度に手のこんだ象徴表現の多い物語。奇妙な冗長さ。
⑦母親殺し，父親殺し，ホモセクシュアリティ等のような受け入れにくいテーマ。
⑧妄想的な内容。奇妙なファンタジイ。
⑨恣意的，自分勝手で自由すぎる捉え方。
⑩おおざっぱで支離滅裂な陳述。混乱。
⑪数枚のカードに渡り物語を続ける。
⑫ショックと当惑の表現。
⑬奇妙な言語表現
⑭物語の途中で，なんの説明もなく人物，性，年齢が変化する。ストーリィも奇妙に変化する。
⑮おもちゃの銃で殺されるなどの非合理性，奇妙さ。
⑯中心的な思考の筋道からはずれ，時折またそこに戻る。

⑰図版内の登場人物との距離のとれなさ。例えば,「私は,彼女が彼を大変愛していると思う」と言い,さらに「実は,私は彼女が愛していることを知っているのです」と言う。

⑱図柄特性からストーリィを始めるが,すぐに図版から離れて自分の体験を話し始める。

妄想型統合失調症,パラノイア

①常同的なことばに固執。異なったカードに同じ人を見る。

②疑惑,スパイ,被害妄想的なテーマ,例えば9GFにおいて,後の人物が前の人物を悪意を持って監視している。

③後方からの襲撃されるテーマ。

④妄想型統合失調症においては,背後からの襲撃,切迫した神秘な危険,不当な処置のテーマがしばしば念入りに作られる。不適切な道徳的反応,広い意味での牢獄のテーマもしばしば見られる。

⑤絵や人物について,過度に道徳化してみたり,道徳上の批判を行う。

⑥絵の中の性,物,状況についての誤認。

⑦テレパシー的表現。図版1において,「それを読みもしないで,本の中に書いてあることを知っている」

⑧微細な部分を根拠にして,壮大な神がかり的物語になることがある。

うつ病

①思考の制止,思考過程の遅延。*

②未来を述べない物語。*

③空想が遅い。ためらいが多い。途切れ途切れで断片的。*

④自殺の主題,抑うつ的なものでおおわれている物語。自己卑下が強い。*

⑤自殺や死に関するテーマが普通より頻繁に現れる。また,3BMのような抑うつ的で自殺の可能性のあるテーマが現れやすい図版を拒否することがある。*

⑥暗く沈んだ調子の物語の結末。＊

⑦物語は，貧困。＊

⑧罪や道徳性について妄想様思考あるいは常同的な語句の固執が表現される。罪悪感＊

⑨精神的な疾患，病気の人物，弱いあるいは強い登場人物。

⑩内容の大部分が検査者にむけて行われる質問によって作られることがある。

⑪幸福と不幸を対照させたテーマを過度に念入りに作る。

⑫テーマは固執的。＊

⑫絵についての回りくどい説明，物語の中の憂うつな気分。

⑬「道徳的な生活」「あることを，われわれはしてはならない」という言い方。

⑭ 12BG において，自殺傾向を持っていたり，うつ病の人は，「ボートから飛び込んだり，落ちたりした人」の物語を作ることが多い。

（＊印はアセスメント基準として，特に重要と思われるもの。11章を参照）

躁病

①情緒性に満ちた物語の中に劇的に没入。

②主人公に多くの感情を与え，生き生きしたストーリィを叙述する。

③食物やもろもろの物を獲得するテーマ（強い口愛的攻撃性表現）。

双極Ⅱ型障害

①暗く沈んだ調子の結末，自殺のテーマなど全体的に抑うつ気分が漂う。

②思考の制止，連想の遅さを反映して休止（pause）が目立つ。しかし，物語内容は，うつ病者ほど貧困ではない。

③「口論になる」「食いものにしようとする」「言い争い」など口愛攻撃的表現の強いエネルギーを感じさせるストーリィが見られる。しかし，これら以外の躁病的なサインは見られない。

④ロールシャッハ上に見られるような図版から離れたり，過剰な投映，主観的意味づけや，妄想的ストーリィ，知覚の歪曲は見られない。

⑤ストーリィは全体的に抑うつ的である。

（この双極Ⅱ型障害の TAT 特徴は，土屋（2017）において発表されたものであり，あくまでロールシャッハ法と比較しながら見出したものであり，TAT 単体で双極Ⅱ型障害を鑑別するのは困難としている）

自己愛性パーソナリティ障害
①物語は硬く冷淡，面白おかしい物語を作ろうとするが，そのやり方は度が過ぎて奇妙であり冷淡。

②紋切り型の冗談がみられる。

③物語は平板で，表層的で不完全。叙述の仕方は慎重であり，無味乾燥である。

④悪意があり，嘲笑的で反社会的，ひねくれている。

⑤こっけいで陽気なたくらみのあるような結末。

⑥言い逃れ，風変わり，よそよそしさ。

⑦絵を注意深く観察し，熟考しながらも抵抗をしめし，自由に空想することができない。

⑧結末を引き出すような圧力。

⑨人物の行為の背後にある動機が貧弱である。

境界性パーソナリティ障害
①悪意に満ちた，圧倒するような外界体験。他者は搾取的な，虐待的な人として体験する傾向がみられる。

②情緒と思考の統合性に問題をもつために，情緒表現の調整異常，抑制が起きると，否認を用いて情緒表現をしない。

③喪失のテーマ，弱弱しさのテーマ，無力感のテーマ，虚無感のテーマ，放棄のテーマとして，あるいは逆に極端に無感覚な形を取る否認の形として抑うつ感を表現する。

④不快な感情を体験したり，表現したりの時に，状況に合わない場違いなことがみられる。場違いな，奇妙な言葉が繰り返されたりすることもある。

⑤「対象喪失と引き続いて起こる絶望」というテーマがしばしば現れる。

⑥対象関係恒常性の問題をもつため，登場人物が一人のみの図版においては，画面外の人物を登場させられない。あるいは，他の人物との情緒的関係が全く欠けている。

⑦物語の中にプレエディパルな攻撃性が見られる。口愛現象にかかわることが強調される。

⑧スプリッティング，投影性同一視などの防衛機制がみられる。

性的虐待
①対象関係の発達の悪さ。

②性的虐待の女性の場合，図版上の母親に対して，敵意，競争，抵抗を示し，父－娘図版においてはアンビバレントな情緒表現を示す。

③無力感に支配された自己像。

④性的場面を叙述する際に，情緒を切り離した隔離（isolation）が見られる。

摂食障害
①受身的なストーリィ。

②外部から自分を統制されるという感覚。

③否定的な情緒表現の多さ。

④母性性への共感性の低さ。

⑤「食べ物」への言及はほとんど見られない。

強迫神経症
①空想の中に反映されている多くのアンビヴァレンスと不確実感を，合理化し念入りに手を加えたいと考えるところから作られる物語

第6章　精神病理学的アセスメントをするための情報　107

の生産量は長くなる。

②いくつかのテーマが現れる。いくつかの可能な物語を作る傾向がみられる。

③強迫的な硬さが，「どちらもぴったりしていない」というような言い方に現れる

④絵の細部がうまくまとめられないために，ある一つの物語に決められない。どのような結末になるかということの客観的な手がかりがないから結末が予想できないと拒否することがある。

⑤特異小部分に触れる。細部に関する過度の興味。

⑥非常に長く，微小な細部が述べられている空想がしばしば反復する。

⑦いくつかの物語において，反復される1つの観念。それに対する過剰な関心。

⑧迂遠でまわりくどく，無駄なことを述べる。

⑨もったいぶって形式にこだわり，反芻し，知的で野心的なことを述べる。

⑩過度の知性化傾向。科学，芸術，政治，心理学など学問上の問題・課題等についての論評。

⑪同一視された人物が，疑惑，優柔不断あるいはあまりに考えすぎることによって，動けなくなっていることがある。

⑫句読点，くぎりを指示す等，叙述する文章をはっきりさせ伝えようとすることがある。

⑬「多分」「おそらく」という蓋然性を表す副詞を使いすぎる傾向がみられる。

⑭強迫神経症は，両親から子どもに加えられる圧力が強力であるため，両親像は強い権威者像として，その子どもに受け取られる。両親からの圧力は強制的，教示的，拒否的なものが多い。

⑮主人公の異性関係が述べられる時にも，父親像，母親像が導入され，父母に向けられた情緒が異性関係に対して阻止的に働くことがよく見られる。

ヒステリー

①情緒性豊かで，ゆっくりと述べられた安逸な空想。

②エロティックな場面は多い。しかしそのエロティックな場面は，フラストレーションに終わることが多い。

③感情たっぷりに，物語の中に劇的に巻き込まれ，生き生きと主人公に同一視したストーリィ。

④物語は軽薄で，浅薄。

⑤物語の内容を勝手きままに作ること，物語の中に感情を過度に強調すること。叫び声をあげるかのような情緒的混乱，感情の影響の結果としての特定の絵に対しておきる叙述の中断，また絵に対して気分的雰囲気や感情調のみの叙述がみられる。

⑥文章表現技術上のものではなく，感情が溢れるような形でのオノマトペ（擬声語・擬態語）表現が多くみられる。

⑦「すごい」「とっても」というような強調表現が目立つ。図版をオーバーに気持ち悪がったりすることがある。

⑧両親から子どもに加えられる圧力は強くない（強迫神経症との違い）。両親は，自己の物質的精神的な願望の充足者として，子どもに受け取られる。

⑨親からの倫理的拘束，重荷は見られない。親子間の情緒的結合は強い。

不安神経症

①不安の高い状態にあっては，空想物語は短くなる。

②最初の数枚において，自分の物語に対して用心深い態度。

③自分の「想像力に乏しいこと」に対する言い訳。

④空想された物語の事態において語られる情緒的葛藤は，解決されないままに残る。

⑤TAT 上において，突然の身体上の事故や精神的外傷を強調するストーリィが多く現れる。

⑥言語特徴からみると動詞の使用頻度が高くなる。そのため（動詞の総数）÷（形容詞の総数）の比率が高くなる。

神経衰弱，ヒポコンドリー

①物語の内容は貧困で，情緒的には平板であり，まったく不完全である。

②物語のテーマは疲労，関心の喪失，自分の義務を果たす能力のないこと，専念し没頭することがうまくできないことが多い。

②両親との強い情緒的結合は認められず，一見他人行儀な一定の距離を保った親子関係が叙述される。

③親子関係以外の対人関係においても，強い感情結合が表現されない。

④病気や疾患に関係のある不幸な物語が多い。

非行少年

〈藤戸せつ（1957）の提起する特徴〉

①生産量の少なさ。空想内容は単純で構成はあまりよくない。

②テーマは犯罪に関係のあることが多い。金銭，貧富，社会的地位などに乏しい内容の言及が中心的なストーリィ。

③温かい情緒的対人関係の設定は少ない。温かい親子関係，異性関係描写が少ない。

④エネルギー放出の方法が少ない。エネルギー放出に関わる自殺，泣く，攻撃，空想に関する表現が少ない。

⑤図版1において，画面外の登場人物はほとんどない。

⑥権威者としての両親像が見られず，同列または自分が両親を庇護する立場として表現される。

⑦異性関係は，羞恥心が乏しいこと，節操にかけることが多い。

⑧図版1の将来のストーリィは，幸福なものが圧倒的に多いが，プロセスがなく，突然に幸福の結末になるという感じが多くみられる。

⑨盗み，家出，悪いことをした，刑事に諭されている，泥棒に入られた等の犯罪関係の話題が多くみられる。

〈ヤング（Young, FM, 1956）の提起する特徴〉

〈非行少年がTAT上で示す特徴〉

①子どもに忠告を与える父親像を叙述する。

②母親より父親を称賛する。

〈非行少女がTAT上で示す特徴〉

①望ましくない両親を見るが，特に実際に母親との関係は望ましくない。

②父親は働いてばかりと見ている。

③貧困の現実を感じている。

〈両性に共通〉

①父親よりも母親が厳しく懲罰をすると見ている。

②TATストーリィは不幸なものが多い。

身体的な病気に関する情報

　クレイマー（1996）は，高血圧症，関節炎，糖尿病，アルコール乱用，アルツハイマー病，虐待，十二指腸潰瘍，過敏性大腸炎，癌患者に見られるTAT特徴についていくらかのデータを示している。また木村（1964）も十二指腸潰瘍，潰瘍性結腸炎，下痢患者，高血圧症，脳性まひ，結核，肢体不自由などにおけるTATプロトコルの特徴に関する研究を紹介している。

　糖尿病の患者のTATプロトコルにおいては，情緒語の出現頻度の少なさが指摘されている。これは糖尿病患者の代謝コントロールの悪さが，自分の情緒に気づくことの鈍さにつながることと関連づけられている。12歳以降に発症した糖尿病患者においては，これらのAlexithymia（失感情症）状態は見られず，6歳以前に糖尿病を発症している時には，強いAlexithymia状態が見られたという。

　アルコール乱用者においては，過度の飲酒者では高い権力欲求が見られており，自分に反対する他者を支配する欲望を満たすために過度の飲酒に向かうと説明されている。

　癌患者のTATにおいては，親密さの低い表現の多さが指摘され，これは癌という事態が，患者の疎外感を増大させるからであるとされた。

喘息に関する研究においては，泣き叫ぶという行動表現は少ないが，悲しみの表現が目立つ。口愛期的衝動傾向は多く見られる。両親に対して，とりわけ母親に対する敵意表現が顕著であると共に，母親からの敵意を恐れる傾向がみられる。この母親に向けられた敵意は抑制される傾向が見られるという。両親が仲良くして欲しいと言う欲求を表現する等が指摘されている。

文献

Cramer, P（1996）Storytelling, Narrative, and the Thematic Apperception Test. Guilford.

藤戸せつ（1957）「TAT に関する研究」精神神経学雑誌，59 (9)

木村駿（1964）「TAT 診断法入門」誠信書房

土屋マチ（2017）「双極 II 型障害の臨床心理学的アセスメント：ロールシャッハ法と TAT のテスト・バッテリーの有効性」名古屋大学学術機関リポジトリ

Young, FM（1956）Responses of Juvenile Delinquents to the Thematic Apperception Test. The Journal of Genetic Psychology, 88, 251-259

第7章 TATの分析と解釈の進め方

　シュタイン（1955）は分析（clinical analysis）と解釈（interpretation）の技法という言い方をしている。この「分析」と「解釈」は，次のように理解すればよいと思う。TATプロトコルを読みながら，重要と思う部分にアンダーラインを入れる作業が「分析」である。実施した各図版のアンダーライン部分の被検査者に関する情報を全図版通して構造化しパーソナリティ全体を捉える，解釈するという作業が，「解釈」である。

　以下，私が考えている分析および解釈の枠組みについて説明しよう。

第1節　分析の視点

　分析の視点とは，上述したアンダーラインを入れる作業に関することであるが，アンダーラインを入れる前提として分析者・解釈者である自分が心理臨床の専門家として，TATプロトコルを読み取るための，どういう視点を持っているのかということが重要な出発点となる。その視点となるものが以下の12の視点である。

　アンダーラインを入れるというレベルの作業をしたら，次にどういう意味合いでアンダーラインを入れたのか，心理臨床家として，そのプロトコルの部分に「何を」感じているのかをメモしておくことである

　このような作業を，図版1から順に行っていくことである。

（1）反応時間
・初発反応時間（一般的には20秒以内に初発反応が見られるが，30秒より遅い場合を「遅い初発反応」と判断する目安とするのが適当であ

113

ろう)。

・反応終了時間(一般的には4分以内に,TATストーリィを作り終えると考えてよい。5分以上は長いストーリィと考えてよい。1分以内は短いストーリィである)。

・沈黙時間(どういう図版,状況において沈黙の時間になるかを検討する)。

(2) 現在～過去～未来に関する叙述の有無と叙述量

当然,現在について叙述する量が多くなる。現在より,過去や未来についての叙述量が多い場合,過去や未来の叙述が全くない場合は検討の対象になる。例えば,うつ病の状態にある時には,未来についての叙述はほとんどないと言われる。

(3) 未来への時間的展望の中で'課題'がどのように解決されているのか

その課題には解決の方向が見られるのか,見られないのか。さらに課題の解決には,プロセスがあるのか,ないのか。そのプロセスの中で他者とのかかわりがあるのか,ないのか。他者との関わりがある時,どういう意味合いでの関わりか。援助的か,監視的か拒否的かなど。

(4) 主人公について

主人公の考え方,生き方のパターンはどうか。主人公と登場人物の関係に見られる特徴はどうか。語り手の自己イメージを投映させていると考えられる図版の人物の年齢,性別が語り手の実際から離れている場合には,自分が受け入れられないネガティブな側面を投影している場合が多い。

(5) 主人公が持つ欲求は何か,それに関してどういう圧力があるのか

木村駿(1964)は,マレーの欲求・圧力理論を紹介する中で,

「ある欲求は，衝動，願望，意図として主観的に表現され，あるいは明白な行動の傾向として客観的に表現される。ある行動が，同時に二つあるいはそれ以上のものを満足させるために融合されていることもあるし，またある欲求が他の優勢な欲求を充足させるための補助的な手段となっていることもある」と言い，さらに「環境のある対象や事態が，個体に及ぼし，あるいは及ぼすことのできるある種の効果を圧力という」と定義づけている。

マレーの欲求の詳細な分類にとらわれることなく，TATストーリィの中に現れている主人公の「欲求」と，そのエピソードの中に見られる「圧力」の関係を構造的に捉える視点をもつ。ただし，3章1節（2）で紹介したトムキンスの欲求の水準を捉えるという観点は重要である。

(6) 画面外の登場人物と登場人物同士の関係性，画面内人物の省略

図版に描かれていない人物がストーリィに登場している場合，どういう役割を果たしているのか。また図版に描かれているのに言及されない人物があるかどうか。あるならば，どういう属性，特徴をもった人物か。

(7) 言葉の形式的特徴

独特の言い回しとか，「すごい」などのような過度な感情表現の言葉とか，「多分」「おそらく」「絶対」というような蓋然性表現の多さとか，オノマトペ（擬態語，擬声語）と言われる表現の多さ，登場人物には名前をつけて登場させるとか，まず最初に時代設定，場面設定をするとか，繰り返し頻繁に現れる言葉とか等があるかどうか。

また常に，検査者（臨床家）に質問する，ストーリィの作り方がこれでいいかどうかの言葉をはさみ，検査者の顔色を窺いながら進めるということもある。

(8) ストーリィの内容の特徴

人間関係の構造・支配−服従などの力関係のあり方に見られる繰り返しあらわれるパターン，テーマがあるか否か，過去〜現在〜未来の時間プロセスのなかに因果関係がよく表現されているとか，ほとんど因果関係のあるプロセスが見られないとか，未来の結末の方向に見られる一定の傾向があるか否か等。

(9) 図版のテーマという視点から

①母〜子（母〜息子，母〜娘）関係
②父〜子（父〜息子，父〜娘）関係
③家族関係
④異性関係，sexuality，成熟性　性的な場面に，「水商売の女性」「売春婦」「一夜の関係」などを登場させる場合は，性に対する罪悪感，未熟さ，受け入れられなさを背景にもっていると考えられる。
⑤年長者（権力者）との関係
⑥仲間（友人）との関係等の視点から TAT 物語を読む。

(10) 図版特性から得られる臨床情報

　これは，第4章において図版ごとに説明したことであり，実際的にはその大半は，7章のこの節の他の項目においてすでにチェックされてきていると考えられる。しかし，いずれの項目においても拾い上げられていない臨床情報をここでチェックする。

(11) 精神分析的枠組み

　この精神分析的枠組みに取り上げる4点は，マレー以来，TAT実施，分析・解釈の基礎的な部分に関わると考えられてきたものである。
①自我，エス，超自我（上位自我）という心的構造を捉える
　ひとかたまりの TAT プロトコルの意味するところ，全体のストーリィの中での機能などから，心的構造論でいう自我，エス，超

116　第7章　TAT の分析と解釈の進め方

自我の３つの部分のどれの働きを表しているのかを捉える。そして構造的にはどういう力動論的関係にあるのかを見る。

　エスは，ただ快感原則に従って欲動・衝動の満足のみを求めようとする沸き立つエネルギーの貯水池である。これに対して自我は，エスの快感原則を退けて適応という点において確実性の高い現実原則に基づいてコントロールしようとする機能である。

　超自我の起源は前エディプス期にある。乳幼児期における子どもと両親の関係の中，とりわけトイレット・トレーニングの中で形成されてくるものである。さらに超自我はエディプス・コンプレックスと密接に関わり，エディプス対象が放棄されると，その代替物として超自我形成が起こるという関係があるため，５～６歳頃になるとこの道徳は内在化し始める。それまでエディプス対象に備給していた欲動エネルギーは，かなりの部分超自我の意のままになるようになる。自我に対して超自我は，両親が子どもを厳しく監視し，禁止とか処罰をしたと同じように機能する。罪悪感というものはこの超自我機能の働きによるものである。

　超自我は，前述したようにエディプス的対象関係の代替物であるという考えからすると，激しい破壊的な（攻撃的な）エディプス的空想を持った子どもは，あまり破壊的でないエディプス的空想を持った子どもよりも，強い罪悪感を持つようになると考えられる。

　鈴木寿治（1978）は次のように言う。「フロイトの考えていた自我は，外界，超自我，エスという三者からの脅威を感じている防衛的な自我であります。この自我はエスに追いまくられ，超自我に締め上げられ，現実に突き飛ばされて，自己に対して働きかけてくる種々の力を何とか調和させようと奮闘しているのです」

　自我が精神内界にあって，すなわちエスと超自我の間にあって，このように三者の調整をはかる働きが，防衛機制なのである。

②防衛機制のレベル

　病態水準を捉えるためには，特に原始的防衛機制といわれるスプリッティング，否認，投影性同一視，理想化と価値下げ，などをTATプロトコル上で捉えることは，神経症水準の病態か，それよ

第7章　TATの分析と解釈の進め方　117

り重篤なパーソナリティ障害，精神病水準の病態かを鑑別診断するために重要である（第5章参照）。

③図版と距離をとる形での防衛

「昔」「外国」「中世の頃」「映画のワンシーン」という表現のように，ego-alien　自我疎遠，ego-dystonic　自我異質的な捉え方は，被検査者がその図版についてショックを感じ，そのショックを和らげるために，その図版を遠ざけようとする防衛的な試みと考えられる。

④リビドーの発達段階

フロイトの発達理論の口愛期，肛門期，男根期（エディパル期）のテーマをフィルターにして，TATプロトコルを読んでいく。ここでテーマというのは，口愛期においては口を通して母乳，乳房に関わる活動（吸う，飲む，なめる，しゃぶる，甘える），歯が生えてからは噛む，食べるという口腔活動に関連することをいい，肛門期においては，大便の排出・保持などの肛門快感にかかわる活動，さらに関連して倹約，几帳面，清潔・潔癖好き，礼儀正しいなどの肛門括約筋に起源を持つ活動，男根期においては男性器，女性器の形や機能を象徴的に表現した侵入的（突進するなどのような攻撃的乱暴な積極的活動），包括的（着せ替え人形などのように包む，相手を魅惑し包み込むという）活動，さらにはエディプス期の特徴である競争がこの時期に関連するテーマである。

この視点の背景には，リビドーの退行，固着点と病態水準という考え方がある。フロイトが「精神分析入門の中の第22講・発達および退行の諸観点，病因論」において論じていることである。

1910年代に，フロイト，アブラハム（Abraham, K）により，精神病理の型と発達の固着点の対応性を明らかにする精神分析学的精神病理図式が完成した。この図式とは，口愛期と統合失調症，口愛サディズム期とメランコリー，肛門サディズム期と強迫神経症，男根期とヒステリーを関連づける図式である。

小此木（1987）から引用する。「口愛期にすごい固執性があって，固着のある人物がいる……セックスするよりも接吻する方が好きだ

というような女の子になったり，すごいヘビースモーカーになるとか，分かりやすい例で言うと，そういうようなことが，口愛の固着として言われています。

　たとえばある患者さんの場合，口愛サディズム的なものが，知識の取り込み方にすごく激しくあらわれていました。本を読むと，本が壊れてしまうんです。本がばらばらになったり，赤や黒の線でぐしゃぐしゃになってしまう。要するに本という対象（母親の乳房）の血を流して読んでいるという感じなんです。本を一つの対象と考えると，乳房をガリガリかみくだいて，取り込んでいる感じなのです」

　このように固着している過去の一定の発達段階における無意識のテーマを幻想的な試みとして反復するものである。

　反復繰り返される無意識のテーマは，自由連想の中に，夢の中に，TAT物語における物語自己に反映させられるであろう。

　以上の理論的背景のもとに，TAT物語に読み込まれているテーマから，固着点となっているリビドーの発達段階を読み取ろうとする視点であり，これは語り手（クライエント）の病態水準を捉えることになる。

(12) 実施図版における反応の流れ

　図版は普通，番号順に提示される。その時にある図版で刺激された感情は，当然のごとく次の図版に対峙する時のベース感情になるであろう。ストレートに次の図版に影響を与えることもありうるし，次の図版では前の図版で惹起されたその感情は，一旦隠されて，そのさらに次の図版の時になまなましく影響を与えてくることがある。

　このあり方を，「感情の流れの連鎖」と筆者は呼んでいる。また，「ストーリィのテーマの流れ」も連鎖することがある。

　この視点からの分析は，ロールシャッハ法においては，継起分析（sequence analysis）と言われているものにあたる。

第7章　TATの分析と解釈の進め方　119

第2節　解釈・構造化の視点

　分析段階で出てきた図版ごとの多様な，時には矛盾するかのように見える情報を，以下の8つの領域のそれぞれのキーコンセプトの下に整理，統合，構造化して解釈し，一つのパーソナリティ像を創り上げる作業が，『TAT解釈』といわれる最終段階である。この段階での作業を進めるに当たり，赤塚（1996）を参考に，8つのキーコンセプトからなる解釈枠組みを提案する。これらの枠組みに沿って，分析段階での多様な情報を分類，整理，統合化することである。

（1）家族関係

　親子関係，夫婦関係，祖父母との関係，きょうだい関係，家族関係のダイナミックスなどを捉える。

（2）異性，恋愛，夫婦関係

　この側面には，通常の社会的関係には現れてこないような人格の側面が反映されると考えられている。異性，恋人や配偶者に何を期待しているのか，愛情関係があるのか，愛情は相互関係的なものか一方的なものか，愛情関係の移り変わりはどのような経過をたどっているのか。男性観，女性観，結婚観などを捉える。

　トムキンス（1947）は，人格診断のために重要な4つの領域をあげている。4つの領域とは，「家族の領域」，「愛・性・結婚関係の領域」，「社会的関係性の領域」，「仕事・職業の領域」である。この4つの領域の中の「愛・性・結婚関係の領域」についてトムキンスの見解を紹介する。この領域と他の領域に現れていることのズレは，人格構造を捉える時に重要であり，この領域の愛の関係（love relationship）における適応は，個人の全体適応にとって重要な意味を持つという。人格の重要な部分は，より一般的な社会関係においてよりも，この愛の関係領域において現れるものである。

120　第7章　TATの分析と解釈の進め方

そして愛と結婚への適応は，性的適応と密接に関わることであるが，私たちの実際の社会生活の中では，これら二つの間には，それに関わる欲求を表現する際にかなりの隔たりがある。そのためこの領域の中でも，愛と結婚関係の次元と性の次元を別にして吟味検討すべきであると主張している。

　愛と結婚関係の次元は，関係性のありかた（実際の役割と理想の役割，愛する人から期待しているもの，愛情の相互性，愛情の強さ，関係の成熟性と愛情の持続性）と愛情関係の移り変わり（崩壊の原因，関係の維持または崩壊）という二つの軸で捉えるとしており，性の次元は，性の欲求のあり方（異性愛・同性愛という性的欲求タイプ，性的関係における相互性，性的欲求の強さ，性的欲求の成熟性・持続性という時間的特性）と性的関係の移り変わり（性的行動の禁止・罪悪感の程度，性的行動禁止の内的要因・外的要因）の軸でとらえるとしている。

(3) 性への態度，成熟性

　性的な欲求，行動はどのように表現されているのか。性関係における相互性，継続性はどうか。性関係に関する罪悪感・葛藤はどうか。性的成熟度（性をどの程度，肯定的に受容できているのか），愛情対象を抱え込む力と感情の豊かさ，母性性・父性性の豊かさと確立の程度はどうか。

(4) 一般的対人関係

　家族，夫婦，異性関係以外の対人関係を捉える。同僚（仲間）関係，上司との関係，年齢・立場において下にある者との関係，同性の者との関係，見知らぬ人との関係などを捉える。

(5) 仕事・職業

　仕事への動機づけの中心にあるものは何か（名声，お金，人生の充実，自己実現，権力など），職業の受けとめ方（肯定的か否定的か）はどのようか。職業選択のポイントは何かなどを捉える。仕事，職

業選択に向けての努力が叙述されているか。

(6) 人格・行動特性

・主人公が持つ欲求と主人公に向かう圧力はどのようか。

・主人公が持つ欲求不満とその解決行動パターンはどのようか。解決行動に他者はかかわってくるのか。

・達成動機の強さと程度，現在から未来へのストーリィのプロセスが表現されているかどうか。そのプロセスに他者がかかわってくるのか，こないのか。

・行動パターンは，支配的〜服従的，自己中心的〜他者配慮的か，能動的か受動的かまた不安感の有無と程度はどうかなど。自己中心性は，2〜3人の登場人物に関心を払うよりも，ただ一人の主人公に全面的に関心を向けたストーリィになる傾向が高い。

・衝動性，攻撃性などの程度はどうか。攻撃性は，まず第一に暴力的なテーマとして表現され，次に主人公でない人の身の上に，死，牢獄（刑務所）に入れられること，失敗，病気になること等が生起するストーリィとして表現される。

・外向性か内向性か。外向性特徴は，未来を強調したストーリィ，成就のテーマの強調，楽しい感情表現，好意的な外界を認知するなどの側面にあらわれると言われる。

(7) 病理診断・病態水準

・ストーリィに漂う気分，主人公はどんな気分でいるのかこの気分は病理的なものかどうか。

・神経症水準か，パーソナリティ障害水準か，精神病水準か。

・衝動性・欲動（エスのエネルギー）とこれに干渉してくる超自我の働き（分析の視点11－①）。

・ストーリィに象徴的に表現されているテーマとリビドーの発達段階（分析の視点の11－④）。

・思考の論理性（特に精神病水準において見られる思考・論理性）。

・防衛機制（神経症水準か精神病水準か，あるいはパーソナリティ障害

122　第7章　TATの分析と解釈の進め方

水準か）と病態水準（分析の視点 11 – ②）。

(8) 心理療法への適応性

・図版 1，11，12M，19，20，などを中心に心理療法への適応性を検討する。現在から未来にかけての時間経過の中に，心理療法（カウンセリング）という厳しい心の作業をやりこなすだけの自我の強さが見られるかどうか。たとえば，図版 11 において例をあげるならば，TAT ストーリィに困難を乗り越えるテーマがみられるか，それとも困難に出会うと退却してしまうか，あるいは退却もできなくて殺されてしまうなどのように困難な課題にどう向き合うのか，どう関わるのか。

・他者に対する信頼関係については，どの程度か。心理療法をやり遂げるに必要な人間関係を治療者との間で築き上げる力があるか。図版 20 を例にあげるならば，この図版においてどれだけ，相互性のある暖かい人間関係が表現できるかは，重要である。

　最後に，ラパポートとベラックの分析・解釈の視点について紹介する。

　ラパポート（1968）は，創られた TAT 物語のどの程度が被検査者自身の自己経験に基づく想像の産物であるのか，どの程度がクリーシェ（cliché）であるのか，見極めることの大切さを指摘している。ここでクリーシェというのは，TAT 図版の絵柄の影響を強くうけた「ありきたりの筋をもつ反応」をいう。ただし「ありきたり」と言っても，いろいろなパターンがあること，さらにはクリーシェと見られる反応が防衛的な意味をもっていることがあることを視野に入れておくことも大切であるという。

　ラパポートの解釈において重要な，物語構造の形式的特徴および物語内容の形式的特徴という形式分析の視点を説明する。

Ⅰ. 物語構造の形式的特徴

①教示との適合性

　被検査者に求められるのは，筋（plot）であり，念入りに飾るこ

とではない。次に登場人物の感情と思考ばかりでなく，状況・出来事に至る経過，結末である。さらに客観的な絵柄に沿って物語をつくることの3点である。

②物語の整合性

　個人間の整合性（interindividual consistency）といわれるものであり，図版に表現されていることが，その被検査者が所属している母集団の一般的傾向との間に整合性があるか　否かという問題，次に個人内整合性といわれるもので，同一の被検査者が作る他の図版の物語との間に整合性があるかどうかということである。

Ⅱ．物語内容の形式的特徴

①物語全体を覆っているトーン

　トーンとは，気分，感情，態度のことであるが，それは登場人物に関わるものではなく，語り手の語り方そのものについてのものである

②登場人物

③努力と態度（同一視している人物を通して捉える）

④障害または防壁があるか，あるならばそれは何か

　次に，ラパポートは，アイテム分析（item analysis）を主張しているが，これは各図版で作られる物語を分析，解釈する視点となるものである。被検査者が所属する母集団の多くの人たちが，その図版を目の前にしたときに一般的に見やすいもの（popular trends）を基準にして，被検査者のTATプロトコルを分析する視点を提案するものである。

　ラパポートの著書（1968）において，図版1についてのアイテム分析としては，次のように記述してある。「図版1が導き出すものは通常，以下のことである。自分がやらねばならぬこと（duty）に対する被検査者の態度（要求への服従，強制される，反抗）そして，被検査者の野心・抱負（障害，期待・希望，達成）についての手がかりを与えてくれる」

　この説明の中で取り上げている項目の視点から，TATプロトコルを分析する。すなわち，現在の課題をどのようなものとして受け

とめ，その課題に対する態度はどうか，さらに課題を乗り越える野心・抱負をどう叙述しているのかを検討するのである。これがアイテム分析である。

　ベラック（1971）は，精神分析学的自我心理学の立場から，投映法（TAT）を捉えており，以下の項目からなる解釈表を発表している。ベラックは実施図版のプロトコルごとに，次の解釈項目で分析をしている。

1．主たるテーマ
2．主人公（年齢，性別，職業，興味対象，性格特性，能力，身体・自己イメージ等）
3．主人公が持っている主たる欲求
4．外界，取り巻く環境イメージ
5．登場人物（両親，同年輩者，年少者など）はどのような人物と見られており，その人物にどういう態度をとっているのか。
6．重要な葛藤（衝動と超自我の働きとの間の葛藤などを捉えることは重要）
7．不安のあり方
8．葛藤や恐怖に対する防衛機制（抑圧，反動形成，合理化，隔離，退行，取り入れ，否認など）
9．超自我の働き
10．自我による統合（衝動性・内的動因と外界からの要求との兼ね合わせ，衝動性・内的動因と超自我との兼ね合わせ）

文献

赤塚大樹（1996）心理検査によるアセスメントの実際／赤塚大樹・森谷寛之ら「心理臨床アセスメント入門――心の治療のための臨床判断学」培風館

Bellak, L（1971）The TAT & CAT in Clinical Use. New York; Grune & Stratton

木村駿（1964）「TAT 診断法入門」誠信書房

小此木啓吾（1987）「精神分析セミナーⅣ　フロイトの精神病理学理論」
　　岩崎学術出版社

Rapaport, D（1968）Diagnostic Psychological Test. International Univercities Press

Stein, MI（1955）The Thematic Apperception Test. Addison Wesley

Tomkins, SS（1947）The Thematic Test. New York; Grune & Stratton

第8章　事例―― TAT 分析・解釈の実際

第1節　第一段階としての分析作業の進め方

　本書の4章～7章において説明，叙述してきた方法と理論を適用
して，事例の分析作業の実際を詳細に示す。

　7章で，「分析」の作業とは，プロトコルの重要部分にアンダー
ラインを入れる作業にあたると説明した。次に示したのは，抑うつ，
頭痛，子どもが好きになれない等を主訴に来院した30歳女性J（19
歳にて結婚，子ども2人）のM－TATの〈図版1〉プロトコルであ
る。このプロトコルを読み，どのように分析作業を進めていくのか
（プロトコルのどこを，どういう視点で拾い上げるのか，どういう解釈的
感想・予想をもちながら他の図版でのチェックを考えているのか等）を
示そう。

〈図版1〉7″～2′48″
今は，何か，この子はバイオリンの教室かなんかに通っていて，
バイオリンをやるのが嫌で，バイオリンを見つめながら「ああ，
また練習の日になっちゃった。行かなくちゃいけないなあ」と
思って，憂うつで，憂うつで，しようがない。このバイオリン
さえなければ，いいのに，とかそんなような……と思う。そん
な感じです。
（これからどうなりますか？）親に，バイオリン習いに行くのは，
嫌だって言って，親はどうしても嫌なのかどうか聞いて……よ
っぽど嫌だったらやめさせようと考えて……で，そういうふう
になる。（そういう風とは）未来は，この子がやりたくないから
親が……それか「もう少しやってみたら」と言って，「もうち

127

ょっと行って，やりたくなかったらやめてもいいから」という
ことで，もうちょっと行くことになると思います。

〈分析〉（全体を読んでの印象）→気分の基本ベースは憂うつ，抑うつ的，現実をとにかく逃れたい気分。心理的エネルギーは低下している。（図版1は，初めての作業課題であることから，この図版の主人公がバイオリンに向かっている時の態度・気分は，新奇場面であるこのTAT検査状況に対しての反応でもあると考えられる）→この検査に対しても消極的，しかし拒否することはない，（さらに想像するならば）→それとも拒否できるだけの強さがないと捉えるべきか／（画面外での登場人物はあるのか）→画面外の人物としての親（描かれていないのに登場するには，意味があるはず。どんな意味か）／バイオリン習いに行くのが嫌だと親に伝える／→この親のあり方は，子どもに対して圧力的なのか，理解的なのか，支持的なのか，微妙な親子関係／この子がやりたくないから親が……それか「もう少しやってみたら」の“……”の部分の親の気持ち，態度は何か，（→図版2,5,7GF, 12F, 18GFなどでの母親イメージ，図版2, 6GFなどで父親イメージをチェックする必要）／未来に対しての見通しは持っていない（→これは，抑うつという病理に関連するものか，病理というより生き方か）（困った状況の解決について，解決を求めているのか）→親の役割はどの程度か，親は援助者になっているのか。親などからの援助を求める気持ちはあるのか，あるならばどの程度か。困った状況を乗り越える，抜け出すプロセスは叙述されているのか。／検査者が「これからどうなりますか」と質疑する前までのプロトコル内容が，この女性の生きている心の現実であろう。

　以上が，分析作業のプロセスの大枠であるが，実際には（　）内を除いた部分のキーワードを記録しておくのが望ましい。この作業を，実施図版すべてについて行うのである。
さて，少し分析の説明が長くなったが，事例 J の M—TAT，No.2のプロトコルから順に提示し，通常レベルの分析を行っていく。

128　第8章　事例——TAT分析・解釈の実際

〈図版2〉19″〜3′ 30″

……何かこう，あのー，男の人や，木にもたれかかっている女
の人が一生懸命働いて，木に寄りかかっている人が疲れ切って
いるというような感じで……そういうところを本を持った女の
人が見ていて，「私は……私も働かなくっちゃいけないんじゃ
ないか。手伝わなくっちゃ」とか「私だけこんなにのんびり学
校に行かせてもらっていいのかしら」って感じで，馬を持って
いる人は，この人のお兄さんって感じで，お母さんとお兄さん
とかが一生懸命働いて，この女の人が学校に行かせてもらって
いる感じ。……だけど，何となく疲れ切っている様子を見ると
……なんか憂うつになっちゃう。そんな感じがします。で，将
来ですか？（はい）将来は，この人は決めた。やりたいことが
あって，今一生懸命勉強しているから，お兄さんやお母さんは
「自分たちのこと，働いていることは心配しないで，自分は頑
張って学校に行って，なりたいものになりなさい」と言われて，
そうしようと女の人は考えていくと思います。

〈分析〉私を保護し，支えてくれる母親たち，しかし，その母親は
疲れ切っている／登場する男性が父親でなく兄なのは何故→兄は現
実的にはいない。父親に対する微妙な関係性か／母親たちの一生懸
命さ・期待の高さは，私にとり圧迫感か→「なんか憂うつになっち
ゃう」／「〜しなくっちゃ」「私だけ〜してていいのか」という超自
我の働き……これが私の心を疲れさせるのか／「のんびりしていて
いいのか」→のんびりできない，落ち着いていられない心境／未来
への展望は，「将来は，この人は決めた」と断定するものの，あま
り具体的ではない。展望が叙述できない，見通せない。親からの期
待の枠内における動き。

〈図版3BM〉7″〜4′ 45″

何もやりたくない気持ちで……誰もかばってくれなくて……も

う外にも出たくなくって，どうすればいいのかしらって考えて，涙が出てしようがないって感じ。誰か助けて欲しいって感じ。……将来は……こういうこと。部屋の中に閉じ籠っていることが長く続いて，なんかボーとしながら，私はどう……どう生きていったらいいのだろうっていう風に，ボーっとしばらく……いろいろやる気力もなく，何もやりたいことも見つからず，で，お母さんやお父さんからは「何故，家の中でボーっとしているの」って感じ。……「何があったのか話したらどうか」と言われている。けど，言ってもしようがない感じの状態が，結構長く続くって感じ……（何もやりたくなくなってしまう前はどのようだった？）何か自分のことをわかってもらえなくて……何をやっても上手くいかなくて，自分は情けないなあと思っていた……うん。

〈分析〉（前の図版での，期待の高さに潰されそうで）何もやりたくない→引き続きこの図版における基本的気分はメランコリー，保護希求的，依存的←誰もかばってくれない，助けて欲しい／閉じ籠り，無気力気味／兄ではなく，お父さんの登場／動けなくなっている私の心はわかってもらえない／画面外に両親が登場し，声をかけてくる／私に向けられる親からの心くばりは，焦点がずれている／将来展望は全く見通せない，「情けない」／→まさに，これは今のこのクライエントの動けなくなっている，その姿そのもの／「どうすればいいのか」，「どう生きていったらいいのだろう」という自分に向けての問いかけは，抑うつという病理に関わるものか，アイデンティ形成に関わることか。

〈図版4〉12″〜2′27″
何か男の人が，何か，何か，助けに行くっていうか，他人のことだけれど，「助けに行かなくっちゃいけない。俺が行ってやらなくっちゃいけない」って感じ。女の人が「あなたは，そんなに無理しなくってもいいんじゃないの」という感じで，「も

っとゆっくり……そんな考えないで飛び出してしまっていいの？　そんなに無理しなくてもいいんじゃないの？」って感じで……「もっと冷静になってね」って感じ。でも将来は，この男の人は振り切って行ってしまって……喧嘩の巻き添えをくう。そんな感じで，女の人は悲しむことになると思います。（男の人が喧嘩で巻き添えをくったから悲しいのですか？）いや，この男の人が痛い目にあって，傷ついたことそれで悲しい。

〈分析〉「助けに行かなくっちゃいけない」と言っている，この男の人は，（援助を求め続けている）私を助けにくるのか，それとも私ではない他者を助けに行こうとしているのか→どうも私ではなさそう／女の人が「もっとゆっくり……考えないで飛び出してしまっていいの」と男性を包み込んでいる女性→女性の側に余裕？／それどころか私を「振り切っていってしまう」／男の人は，傷ついて帰ってくる→私を助けるどころではない／この女性の男性観→あてにできない存在／これだけ近距離にいる男性とは，夫か／この男女（夫婦）の相互関係性は，どの程度か／ストーリィの過去〜未来のタイムスパンの短さ／という感じ。……って感じ。という言い方をどういう心理を反映したもの捉えるのか。

〈図版5〉 5″〜1′48″
何か部屋の中で，誰もいるはずのない部屋なのに，何かカタカタ音がするから，その家の奥さんが「誰かいるの」って感じで，覗き込んで……覗き込んで……で，泥棒かなんかが入っていたんだけれど，うまいこと隠れて……奥さんは「誰もいなかったわ，気のせいだわ」って感じで，戸を閉めて，またそのまま自分がやっていたことを続ける。……で，泥棒にちょっと盗まれちゃったって感じ。

〈分析〉誰もいるはずのない部屋でカタカタする音→家庭内の不安感，緊張感をもたらすものの存在を表現／奥さんが覗き込む→監視，

第8章　事例──TAT分析・解釈の実際　131

干渉。その対象は誰か？　／「誰かいるの」と覗き込むという行動
は抑うつ的ではない／覗き込んだ部屋で起こっていること→泥棒
（ちょっと盗まれる）／このできごとに対する感情（恐怖，悲しみ
……）の表出がない→分離が起きているか／何が盗まれたのか／こ
の画面外に登場する泥棒とは？

〈図版6GF〉7″〜1′21″
この男の人が「やあ，久しぶりだね」と女の人に後から声をか
けて，後から声をかけられて，はっとして，「あらー」って感じ
で，何か知らないけれど，映画館にいるような感じで，……そ
れで後から声をかけられて「しばらくだねー」とか言われて
……その程度。「あなたもこの映画を見に来たの？　私もなの
よ，じゃあ，またね」って感じ。それで終わり。《軽く笑い》

〈分析〉「久しぶりだね」「しばらくだね」と声をかける男性／「あな
たも……」と言われる近い関係の男性。単純に声をかけているだけ
か？　誘惑的か？　／……その程度という言い方→単純に声をかけ
ているだけということか／「じゃあ，またね」それで終わり……と
対応／この男性は父親の原型か。父親との近さか／この図版におい
ても，過去〜未来という時間的見通しがほとんどない／人間関係が
発展させられない，深められないと捉えるべきか。

〈図版7GF〉43″〜4′20″
うん……この女の子が赤ちゃんを抱いていて，隣の人はこの女
の子のお母さんなんだけれど，あれ？……「あなた，どこの子
を抱いているの」って感じで，「お母さんには，関係ないでし
ょ」って感じで女の子が……「そんなよその子を預かってきた
らだめでしょ」って感じかなあ……「いいのよ，私が面倒みて
あげるって言ったんだから」って感じ。何かこのお母さんは
「この子，あまりいい器量していないね」って感じ《笑い》（そ
の赤ちゃんのことですか）はい……でも，この女の子があまり

にもお母さんを拒絶しているような感じがして……近づいて欲しくないって感じも受けたり……お母さんが近づいて来ると悪口ばっかり言っている……そんな感じ。それとここに本を持っていますが，「最近，成績よくないね」とか「こんなんでは，いいとこに行けないわよ」とか言われるので，女の子がお母さんを，もの凄く嫌っている感じがします。そんな感じです。

〈分析〉初発反応の遅さ（43秒）何故，初発反応が遅れたのか，母子関係というテーマ故か／このストーリィは，自分が母親であり，自分の娘との関係を投映させたものか／膝の上の「赤ちゃん」と見るのは，母性性の反映か／「どこの子を抱いているの」という子どもへの問いかけ→母子間において，子どもの中にある母親の知らない部分の浮かび上がり＝これは，だんだん思春期に向かう娘の心のあり方か／「お母さんは関係ない」と拒否，反抗する娘／「いい器量していない」「最近，成績よくない」「こんなんでは，いいとこに行けない」と干渉，否定，拒否，受容しない母親／「いい器量していない」→自分の知らない娘の部分に対する受容のできなさ／「近づいて欲しくないって感じもうけたり」→娘が母親を避けていることを，母親自身気づいている／被検査者（クライエント）自身の母親との関係との二重写しになる部分は？　→図版2などから，とにかくあなた勉強をやりなさいという態度は共通／二重写しではなく，自分が子どもであり，自分と母親との関係について，母親に強く反抗しているという可能性もあるのか→主訴（子どもが好きになれない）との関係からすれば，「二重写し」と取るのが適切か。

〈図版 8GF〉12″〜3′ 15″
　なんかボケーっと窓側に，窓を，窓側に座って，で結構いい天気で爽やかな感じだけれど……どこか，どこか遠くに行きたいなっという感じ。なんか自分を必要としてくれる人が……うーん……なんかいるような所にいきたいな，というような……でも，でもねえ，簡単には，そんな風にいかないから，ボ

ケッと考えて想像しているだけ。いい天気だから，のびのびし
たいなあという感じ。で窓の向こうに，無邪気に遊んでいる子
どもがいて，で自分もあんなに明るくなりたいなあという感じ
で，羨ましいなあって感じ，そんな風に……だけど，どうにも
ならないことだからしようがないなー……そんな感じに思う。

〈分析〉「ボケーっと窓側に座って，いい天気で爽やかな感じ」→抑
うつというより，退行的（regression）か／「どこか遠くに行きた
い」→抑うつ的ではなく逃避的／しかし「自分を必要としてくれる
所」→自分が，自分らしく生きられるところを求めるというのは，
単なる逃避的ではない／「無邪気に遊んでいる子どものように，明
るくなりたいな」→子どもに対しての見方は positive ／→今の自分
とは違う，ある意味対照的な自分のあり方を一つのイメージとして
持っているとも考えられる→退行的な世界とも思える／その世界と
今の世界には「どうにもならない」距離がある／抑うつで逃避的，
さらには単なる退行的というより，目指す方向のイメージを持って
いることから，やや健康さのある退行の一端を感じさせるか。ここ
で退行的世界に遊ぶことが，次へのエネルギーの充電につながる可
能性／この図版体験は，このクライエントの健康な心の部分の反映
が多く出ているように思える。

〈図版 9GF〉9″〜 4′26″
　下に，木の上に上がっている女の人と，下で，なんかどこか
へ行くのに，すごく足りないものがあって，すごい顔をして，
「それがないとだめなのよ」と探しまわっていて，「どこに行っ
たのかしら」と探しまわっている。姉妹のような感じがする。
下がお姉さんで，急いでいて，あれがないとだめなのよと騒い
でいる。上から妹が「お姉さん，何をすごい顔で走っているの
かしら，どうしたのかしら」という感じで……で，もしかした
ら上の妹が持っている本の上にのっているのがそれかもしれな
いような感じがするけれど，妹は全く気づいていない。お姉さ

んも，妹がそれを持っていることを知らなくて，だから別に妹
を探し回っているわけではなくて，という感じです。……《カー
ドを伏せる》（これから，どうなると思いますか）探して，お姉
さんがすごい勢いで探しているので，妹が下りて行って，「お
姉さん，何探してるの？　どうしたの？」って感じで，「何々が
ないのよ，なんだあなたが持っているじゃない」と言って「こ
れ探してたのよ」って感じで，妹は「御免なさい，知らなかっ
たから」と，お姉さんは「早く返して」とそれを取って，お姉
さんのものではないそれを奪い取って慌てて家の方に帰ってい
く。それは身につけるもののよう。妹はポカーンとして「なー
んだ，こんなのをさがしていたのか」という感じです。

〈分析〉この図版のストーリィには，かなりエネルギーを感じる→
前の図版 8GF において，ある意味，健康なる退行ができたからか
／下にいる姉に identify ／「何かどこかへ行くのに，すごく足りな
いもの」「すごい顔して探しまわる」「走っている」「奪い取って」
という違和感があるほどの力強い表現，エネルギー／エネルギッ
シュに探しているものは何か→身につけるものとは，衣類とか装飾品
という意味というよりも，「どこかに行くのにすごく足りないもの」
とは，自分にとって「必要なもの」という意味か／前の図版でイ
メージした今の自分とは対極にあるような状況を探し求めているの
か／→しかし，一人で焦り，混乱しており，見通し（time perspec-
tive）はない，現在のみの叙述である／姉妹葛藤／妹との感覚のズ
レ，周りともズレがあるのであろう／心理療法的には，焦らないで，
前の図版のように退行した世界の中で，自分を見通す時間を大切に
する必要性が，クライエントに伝わることが重要。

〈図版 10〉20″ ～ 4′ 23″
この二人，夫婦で，その子どもが今，死ぬか生きるかの状態で，
奥さんが「どうしましょう，あの子死んじゃうかもしれないわ」
って感じで，旦那さんが「大丈夫，きっと助かるよ」って感じ

で，奥さんの方はすごく焦っている……「もう死んだら嫌だ，どうにか助かって欲しい」旦那さんの方は，奥さんをなだめてるっていうか，落ち着かせてるっていうか，抱きしめてる感じがします。……（この先どのようになりますか）結局，子どもは死んでしまって，「ご臨終です」と先生に言われて《笑い》二人は，もう落ち込んで，奥さんは……ちょっと……立ち直れない日がすごく続く。そんな感じがして……旦那さんの方は結構，現実ということを認めて，悲しいけど，いろんな仕事とかやって，……でも二人は，すごく淋しくなって，会話も少なくなって，そんな感じになると思う。

〈分析〉夫婦という設定が初登場／前の図版に引き続き「奥さんの方はすごく焦っている」／相互関係性のある夫婦関係→図版4の男―女関係との共通性と違うところは？　→図版4と10における男女の立場（役割）は逆である→家庭外の問題（4）では，女性が落ち着き，家庭内の問題（10）では，男性が落ち着き，女性が混乱か／子どもが死ぬか生きるかで夫婦が抱き合っている→家庭の不安・緊張問題の暗示／子どもの死→子どもへの aggression（攻撃性），hostility（敵意）／→この問題が表面化した時に，夫婦の関係はどうなったのか→共に同じ方向を見たのか，それとも negative な関係化か／図版4に引き続き，sexual な意味合い，ニュアンスは基本的にない。これをどう解釈すべきか。

〈図版11〉17″〜3′ 59″

　すごい滝に見えるんだけど，上からわーっと降ってきて，人が3人くらいいて，1・2……5人くらい人がいて，牛みたいな動物がいて，そのままあちらに行くと危ないから，滝に……だからこちらに引き寄せているような，力が足りないっていうか（何を引き寄せているのですか）牛，なんか牛を引きずって歩いていたら，滝の方に牛が走って行ってしまって，それを皆で追いかけて行って……その牛がいないと農作業をする時か何か，

必要だから，大事な牛だから，皆で一生懸命，引き止めるって感じ……（そして？）結局，牛は落ちないで，落ちる寸前の所でくるっと回って向き変えて，自分勝手にというか，せっかく引き寄せていたのに，くるっと向きを変えて，またノソノソ，自分が前に歩いていた，引きずって歩いて来た道の方に戻って行って，それでその人たちが「あー良かった」という感じで「もう危なくするな」って言っている。そんな感じがします。

〈分析〉「上からわーっと降ってくるすごい滝」→人間では太刀打ちできないすごいエネルギー／そこに呑み込まれてしまいそうな牛を引っ張っている人たち／人が５人くらい引っ張られてしまう牛／一丸となって協力する関係→大自然のすごい力に立ち向かう時には協力的な人間関係ももてるのか／牛のエネルギー，力はエスのエネルギーを思わせる＝これはコントロールが必要→「牛は落ちる寸前のところで，くるっと向きを変えて戻る」＝自我によるコントロール／しかし，無事，さしあたり，さし迫っていた現在の危機を避けたという感じで，将来への見通しをもった乗り越えではない／→治療への意欲，心理療法を乗り越える自我の強さはどうか？　→退却して危険を回避するあり方は，心理療法については，否定的ではないが消極的な態度／岩壁とドラゴン様怪物についての叙述なし。これは抑圧のメカニズムによるものか。

〈図版12M〉9″〜2′03″
　何かこのおじいさんは，病院の先生で，催眠術みたいのもので，この男の子の昔の出来事とかをよみがえらせて，聴いて治療しようとしているというか，「昔のあの時はどうだったのということを話しなさい」って感じで，男の子があの時はああだったとか話しているところに見える。……これから先は，ただ話を聴いて，起き上がって男の子は，先生と話し合って，で先生が「で，君はこういうことがあったんだね」って感じで，治療していくっていうような感じがします。

〈分析〉このクライエントの心理療法，psychothrapist イメージ／催眠術→受動的，psychotherapist に対して依存的，受身的／＝これは前の図版 11 に見られる治療に消極的なあり方に連動している／「これから先は，ただ話を聴いて治療していく」という心理療法イメージ→一応の心理療法イメージは持っていると考えられる。最後の「治療していく」は，トータルとしては，心理療法を受け入れている。／「ただ話を聴いて」の「ただ」は，どういうニュアンスか→軽い否定，拒否的か／全体として漠然と消極的に心理療法に向かい合っている，このクライエントの姿勢を積極的に変えていくのが，大きな仕事。クライエントに自主性を育てないと，催眠術師のような psychotherapist に呑み込まれてしまう。

〈図版 13MF〉13″〜6′41″

この男の人は，この女の人をすごく愛していたのに，なんか裏切られて殺してしまった。愛していたのにって感じ，女の人に裏切られたか何かして，殺すつもりはなかったけれど，顔見ていると憎らしくなってきて，殺しちゃって，その裏切られたことについて泣いている……そんな感じがします。（女性が裏切ったの）そう……女の人に違う男の人ができたか何かで，女の人はそのことをうまく隠しているつもりだったけれど，旦那さんはそれを知ってしまって，見てしまった。で，奥さんの方はいつも通りに夜だから休んでいて，で，休んでいる寝顔を見たらすごく憎らしくなってきて，殺してしまった。そんな感じ。（これから，どうなりますか）これからは……どうだろう。一度，山の方に埋めに行って，結局，警察に捕まっ……わかってしまって，その時は「自分はやったんです」という風に正直に話した。

（4′40″）それと今，ふっと閃いたんだけれど《笑い》この女の人が裸で寝ているので……男の人が一緒に寝よう，sex しようとするけれど，結局，できなくって「俺はだめだ」っていう

138　第8章　事例——TAT分析・解釈の実際

か《笑い》女の人は「もう私たちってだめかしらね」っという感じ。「ああ，情けない」という風には，責めてはいないけれど，「いつも，いつもこうだから」って……女の人の身体を，奥さんか何か，見ただけで男の人が抱きたくなってしまうっていうか，また sex できなくなってしまうと思って情けないって感じに思います。そんな感じに思います。なぜ，胸を出しているのかなと思ったら，そんな感じになりました。

〈分析〉反応時間は 6 分 41 秒と一番長く，かつ 2 つのストーリィを作っている唯一の図版／第 1 ストーリィは裸の叙述（性）を回避しようとしたところから生まれたもの／すごく愛していた女の人に裏切られ殺してしまった男の人／女の人には違う男の人ができた／男と女の心のすれ違い／ここまでは男と女のストーリィ，この後旦那さんと奥さんのストーリィになる／見て，知ってしまった旦那さん／奥さんの寝顔→憎しみの高まり→殺してしまう／山に埋めに行く／警察に捕まる，自白／殺した罪に対して捕まってはいるが，後悔・反省はない→超自我機能は，図版 2 に見られるほど強くない‖裸の女の人が気になり，もう一つの sexual なストーリィが閃く→しかし，男の人がインポテンス→その時「俺はだめだ」と言う男，「情けない，いつも，いつもこうだから」という女→私を包んでもらえない不満／「もう私たちってだめかしらね」と言う女／裸を見ただけで，抱きたくなる私（奥さん）ではない‖第 1 ストーリィも，第 2 ストーリィも基本的に不信感漂う夫婦関係→生き方にズレが出てきている夫婦／さらに第 2 ストーリィには性の叙述はあるものの→性の衝動を親密な関係性の中で深め育むという成熟性には欠ける／→二人で，共に作り上げるというより，「与えて欲しい」という基本スタイルか，エディプス葛藤（2, 6GF, 20 に見られる父親のにおい）の乗り越えは，どうか。

〈図版 16〉11″〜 2′ 28″
えっ……裏，表かな……って感じがして，裏はザラザラしてて，

表はツルツルしてて，ただ真っ白って感じで，白いけど，絵を
描きたいとか，そんな気分にはなれないし……何もないという
感じ……（何もない？）何も描いてないというか……うん……も
し今，ここに絵を描けって言われたら，すごく面倒くさいだろ
うなと思う。……そんな感じです。

〈分析〉白紙図版でのストーリィは作れない→不安感の強さ，／「そ
んな気分になれない」「すごく面倒くさい」→拒否的，否定的な気
分，のらない気分／→自分から状況を展開させていこうとはしない
／これだけ防衛的な反応になっているのは，前の13MFでの心理的
動揺の影響があるのか。

〈図版18GF〉8″〜4′23″
うーん，また殺しちゃうんだよね，何か《笑い》……何か，こ
の子は脳性麻痺みたいな，この子は。って言うか，おばさんと
息子みたいな感じがして，小さい時から脳性麻痺みたいな感じ
で，ずーっとおばさんが，お母さんが面倒みてきたんだけれど，
（おばさんは，この息子のお母さんですか）うん。「もう面倒みき
れないよ」と言って「ごめんね」と言って……「あなたがいな
かったら，楽なのよ」って感じで……何か結構苦労していて，
お母さん一人で面倒を見ていて，で息子の方も，そんなに嫌が
るのではなくて，わざと殺されるっていうか，「いいよ，ここ
まで生きてきたから殺してもいいよ」って感じで，何か「すま
ないね，ごめんよ」って感じで，「私も楽になりたいんだ」って
感じで，刑務所に入るのは覚悟で，罪を背負っていくんだけれ
ど，という感じ。お母さんはこの子を，殺した息子のことを考
えながら，一生，刑務所の中であまり笑わないで，楽しいこと
も楽しく思ってはいけないという感じで過ごしていくと思いま
す。

〈分析〉13MFを受けて「また殺しちゃうんだよ」／子どもが脳性麻

痺みたいな感じ→母親がその子どもを殺す／＝子どもへの aggression, hostility／もう面倒みきれない，楽になりたい→未成熟な母性性か／お母さん一人で面倒を見て→図版2でも父親が登場しないしないことと関係あるのか／息子は，ここまで生きてきたからいいよと殺される／→「すまないね」「ごめんよ」「私も楽になりたいんだ」／罪を背負う，刑務所で過ごす→超自我の働き／この「おばさん（お母さん）」と「息子」は，クライエントと娘であると同時に，クライエントとクライエントの実母を二重写しにダブらせているのではないか／クライエントは母への怒りを，自分の子ども（娘）に向けているのか。

〈図版20〉 18″〜6′ 12″

　軍人さんみたいな感じがする……それでうずくまっている女の子を見つけて，「こんなところで何をやっているんだ」っていうか「何をしとんじゃ」って感じに話しかけている……で女の子は，何か怖いと思って走って逃げて行ってしまう。おじさんは，なーんだ行ってしまったなあという感じで，なんだったんだろうなという感じになっている。……（沈黙2′ 50″）……あ，それと何か……木がわーっと繁っていて，こちら側がおじさんで，木の間から，こうやって覗いていて，いやらしいおじさんで，女の人がここを通ると襲いかかろうとしている。《笑い》だから，誰かが通るのを待っていると思います。（うずくまっている女の子は見えますか）見えないけれど，この男の人の視線で，だいたいこのあたり《図版左側面の下》で，おじさんに背を向けて，うずくまって泣いている。……これは，戦争当時で，お母さんとはぐれてしまったかなんかで，女の子が。家族バラバラになってしまって，一人でどうしたらいいかわからなくて泣いている感じ。でも，このおじさん，あまりいいおじさんには見えない。……何かね，顔が私のお父さんの顔に見える。《笑い》そんな感じです。

〈分析〉軍人さん＝父親，画面外でおじさん（軍人）に背を向けうずくまっている女の子＝クライエントと置き換えられるか／女の子に話しかける→女の子は逃げる→おじさんは意外そう→／この後，沈黙（2分50秒）があり，この後おじさんについてのネガティブな叙述内容→この沈黙の時間の意味は？　／6GFで後から話しかけてくる男性と類似パターン／おじさんは木の間から覗いていて，通りかかる女性に襲いかかろうとしている→『いやらしい』おじさん／このおじさんの顔は私のお父さんの顔に見える／お母さんとはぐれ家族バラバラになり，一人で泣いている女の子／図版1から20までTATの旅をしてきて，この最後の図版においてバラバラの家族，父親との微妙な関係，一人でとても心細い私（クライエント）のあり方が明らかになった。

第2節　事例Jの解釈

　この解釈の節では，第1節の分析作業の中で出てきた情報を一定の骨組みで拾い上げて，構造化していく段階である。そのために7章で提示したように，(1) 家族関係，(2) 異性・恋愛・夫婦関係(3) 性への態度・成熟性 (4) 一般的対人関係，(5) 仕事・職業，(6) 人格・行動特性，(7) 病理性・病態水準，(8) 心理療法への適応性の8つの視点から分析段階での情報を整理する。

(1) 家族関係

　バイオリン習いに行くのが嫌だと親に伝える→親は圧力的か，支持的・援助的か (1)／お母さんとお兄さんが一生懸命働いて，この女の人が学校に行かせて貰っている (2)→親の大きい期待／自分たちのことは心配しないで，頑張って学校に行って，なりたいものになりなさい (2)／お兄さん→「兄」は現実的にはいない人。父親に対する微妙な関係性の表現か (2)／お父さんやお母さんからは「何故，家の中でボーッとしているの」「何があったのか話したらど

うか」→言ってもしょうがないという受けとめ方（3）／誰もいるはずのない部屋でカタカタ音→家庭内の不安感，緊張感の表現（5）／奥さんが覗きこんで（5）→監視，干渉／女の子がお母さんを拒絶している感じ，お母さんが女の子に近づくと悪口ばかり言う，女の子がお母さんをもの凄く嫌っている（7GF）→母子関係の二重写し（自分の母親に対するもの，自分の子どもに対するもの）この 7GF の初発反応の遅れ（43 秒）→母子関係の問題との関連／姉と妹の感覚のずれ（9GF）→きょうだい葛藤／子どもが死ぬか生きるかで夫婦が抱き合っている（10）→家庭内の不安，緊張／お母さんが脳性麻痺の息子を，面倒みきれないよと殺す。「ここまで生きてきたから殺してもいいよ」という息子（18GF）→子どもへの aggression（攻撃性）

hostility（敵意）／家族バラバラになって，女の子が泣いている（20）／軍人さんみたいなおじさんが，女の子に「何をしとんじゃ」と話しかけ，女の子は怖いと思って逃げていってしまう。おじさんはなーんだ行ってしまったなあという感じ（20）→おじさんと女の子のズレ

　以上の分析段階において抽出された「家族関係」に関連する情報から，この事例 J さんの家族関係のあり方を解釈しよう。次の 9 つのポイントが重要な内容となる。

・家庭内に不安感，緊張感の存在
・親からの大きい期待
・子どもとしての自分と母親との関係
・母親としての自分と自分の娘との関係
・問題としての母−子（娘）関係
・父親との微妙な関係
・親と子どものズレ
・親としての成熟性
・きょうだい葛藤
　J さんの生活史において，特に勉学面における親の期待が高く，

第 8 章　事例——TAT 分析・解釈の実際　143

それと裏腹の関係にある親の監視，干渉下におかれていたと思われる。図版1，3に見られるように親（特に母親）のあり方は基本的に，援助的なのか監視，干渉的なのか理解しにくいところがある。そういう状況にあった結果，自分のいろいろなことに自信が持てないあり方になっている。特に母親との距離関係は近く，近くにおいて細かい部分にまで干渉されていたように思われる。そして，このJさんは，自分が母親として娘に対する時，自分が母親から受けていたものをそのまま，娘に向けている。本来ならば，母親に向けるaggression を子どもに向けていると言える。

　娘は強い反発，拒絶感を母親であるJさんに向けてくる。

　　ところが，Jさん自身は自分が子どもとして，母親にはそういう拒絶感のようなものは向けることはできなかったがゆえに，娘から，そういう強い拒否感情を向けられると戸惑い落ち込んでしまう。

　　父親との関係は図版2，3，6GF，20からエディパルな関係を乗り越えない微妙な関係であると思われる。この関係は，次で検討する夫婦関係に影響を及ぼしている。

　　3人姉妹の長女として育ったJさんは，きょうだい葛藤と親との関係の中で，独り傷つく体験を深めていたのであろう。

　　オリジナルファミリィ（原家族）を離れてのJさんの親としての成熟性，うつわ性については，7GF，18GFに見られるように，子どもを親として抱え込めるだけの器，成熟度は基本的能力としてはあるものの，それが発揮されないでいる。

　　こういうさまざまな要因が，「不安定な緊張感ある家庭」のもとになっているのであろうか。

(2) 異性・恋愛・夫婦関係

　男の人が他人を「助けに行かなくっちゃ，俺が行かなくっちゃいけない」と女の人を振り切って行ってしまう（4）／男は傷ついて帰ってくる（4）→当てにできない男性（Jさんの男性観に繋がる）／男の人が「やあ久しぶりだね」と後から声をかけられて，はっとして「あらー」（6GF）／旦那さんは，子どもが死ぬか生きるかで，奥さ

んをなだめている。抱きしめている（10）→性的なニュアンスの拒否／旦那さんの方は結構，現実というを認めて，悲しいけど，いろいろな仕事とかやって（10）→夫婦の立場，心のズレ／男の人は愛していた女の人に裏切られて殺してしまった（13MFの第1ストーリィ）→女性の裸，性の回避／「ああ，情けない」という風には責めていないが，「いつもいつも，こうだから」（13MFの第2ストーリィ）→包み込んでもらえない不満／（女性の裸を取り入れた13MFの第2ストーリィ）男の人がsexしようとするけれど，できなくって「俺はだめだ」→「もう私たちって，だめかしらね」という女→私はもう男性を性的に興奮させられない／

　図版10，13MFにおける近い関係の男女を夫婦として認知しているが，包み込み合うような夫婦関係，さらには二人の間に性を位置づけ育てあう夫婦関係にはなっていない。Jさんにとり，図版4や13MFの第2ストーリィにあるように男性とは，いつでも私の傍らにいて私を見つめていてくれるという意味では「当てにできない人」である。

　おそらく，図版5における「誰もいないはずの部屋で，何かカタカタ音がする」という不安感，緊張感は，この夫婦関係の中での落ち着けなさが，大きな要因になっているのであろう。精神分析学的な発達心理学の立場から言えば，こういう夫婦関係の背景には，Jさんの原家族における子ども時代の父親，母親との前述した関係が深く横たわっているのであろう。

　そういう問題を心の根底に沈殿させたまま，避難するかのように19歳で結婚したものの，沈殿させていた未解決の心理的な問題が，夫婦関係の中に，そして娘との関係の中にじわじわとにじみ出てき始めている感じである。

　図版10の「旦那さんの方は，現実ということを認めて，悲しいけれど，いろいろな仕事とかやって」にあるように，目の前にいる妻の心の動きに対してよりも，自分にとっての現実である仕事に関心を向けていってしまう夫に感じる，取り残される淋しさ，不満，

第8章　事例──TAT分析・解釈の実際　145

悲しさと諦め（次で述べる 13MF の第 2 ストーリィに表現されている心）が，妻である J さんの心を追い込んでいく。

(3) 性への態度・成熟性

　図版 4，10 において性的なニュアンスなストーリィの回避／13MF においても第 1 ストーリィにおいては，女性が裸であることの叙述，性的なニュアンスのあるストーリィを回避している／性関係について叙述した 13MF の第 2 ストーリィにおいても，性を親密な男女関係の中で深め，育むという関係性ではない／この女の子が赤ちゃんを抱いていて（7GF）→赤ちゃんと認知できる成熟性はある／お母さんが脳性麻痺のような子を面倒見てきたけど，「もう面倒みきれないよ」と一生，刑務所に入るのを覚悟で殺す（18GF）

　女性性，母性性という成熟性は，(1) の家族関係の項でも述べたように未成熟ではない。しかし，よく成熟しているとは言えない。「刑務所に入る覚悟で，罪を背負う」というのは，ある程度の熟慮性が認められるという意味では未熟ではないとも言えるが，真に成熟しているならば，「刑務所に入る覚悟で，罪を背負う」のではなく，やはり最後まで共に生きる決意こそが成熟性が高い人の判断であろう。

　性への態度については，図版 10，13MF において夫婦関係を設定しており，継続性のある男女関係を見ている。しかし性については，いずれの図版においても回避している。

　その継続性のある夫婦関係の中に性を位置づけことができていない。
やっと夫婦関係の中で，性を叙述した 13MF の第 2 ストーリィでは，皮肉にも性を通してかかわる夫婦を叙述することにより，夫婦間のズレと悲しさ，諦めが浮かび上がってきてしまっている。

(4) 一般的対人関係

　誰もかばってくれない……誰か助けて欲しい（3BM）／自分を必

146　第 8 章　事例──TAT 分析・解釈の実際

要としてくれる人がいるような所に行きたい（8GF）／無邪気に遊んでいる子ども……自分でもあんなに明るくなりたいなあ（8GF）／大事な牛だから，皆で一生懸命引きとめる（11）／

実施した全図版の TAT ストーリィの中に親子関係，夫婦関係（異性関係），治療関係等を除く，いわゆる一般的対人関係に関連すると思われる叙述は少ない。このことは単純に，J さんの一般的対人関係の少なさを反映していると考えてよいと思われる。少ない叙述の中から読み取れるものは，J さんの「誰か（私を）かばって欲しい」「私を必要として欲しい」という周囲への期待，願いである。おそらく現在，J さんは普通の対人関係から退却している状態にあると推測される。

　普段は退却的な対人関係状態にある J さんも，図版11に見られたように，ここぞという時には多くの人たちと協力関係を持つことができる。

(5) 仕事・職業
　学校に行って，なりたいものになりなさい（2）／成績よくないね，こんなんでは，いいとこに行けないわよ（7GF）／病院の先生で，催眠術（12M）／先生と話し合って（12M）

　仕事（職業）の捉え方，仕事（職業）への動機づけの中心にあるものは，基本的に母親の「教育ママ」的な養育態度に応えるかのような「よい成績をとり」→「いいところに行き」→「なりたいものになる」という図式である。この図式において，「なりたいもの」とは，親がなって欲しいと考えるものであり，「評価されるような，よい職業（仕事）」という意味であろう。この価値観に神経症的に縛りつけられているのが J さんの人生の一側面であろう。

(6) 人格・行動特性
　欲求と圧力→／自分を必要としてくれる人がいる所に行きたい

（8GF）いい天気だから，のびのびしたいな（8GF）明るくなりたい
な（8GF）／バイオリンをやるのが嫌（1），のんびりしていていいのか（2），男の人や女の人が一生懸命働いて（2），頑張って学校に行って，なりたいものになりなさい（2），子どもが死ぬか生きるかの状態（10），警察に捕まる（13MF），罪を背負って（13MF）／未来への見通しのなさ（多くの図版に見られるが，1, 2, 4, 6GF, 9GF など）／憂うつ（1）疲れきっている（2）何もやりたくない（3BM）→エネルギーの低下，抑うつ，憂うつ／誰か助けて欲しい（3BM）独りでどうしたらいいかわからなくて泣いている（20）→依存／殺す（13MF, 18GF）→攻撃性

　Ｊさんの現在の心のあり方，気分は「憂うつ・何もやりたくない・疲れ切っている」というキーワードで表される状態である。欲求・圧力という側面においては，ゆっくりしたい，のびのびしたい，明るくしたいという欲求を持っており，Ｊさんにとって，圧力となっていることは，のんびりしていてはいけない，頑張らなければいけないという超自我の働きである。「警察に捕まる」「罪を背負う」というのも超自我機能の働きであろう。

　欲求と圧力の対立する中（対立，拮抗しているというより，相対的に圧力が勝っている関係）にあって，追い詰められて，抑うつ的になり，どうしたらいいのかわからなくて，「誰か助けて欲しい」という形で依存対象を求めている。

　「殺す」というテーマの叙述が見られる（13MF, 18GF）ように，憂うつで疲れきっているＪさんは，衝動性（衝動的なエネルギー）を内に秘めている。

(7) 病理性・病態水準

　憂うつで，憂うつで（1）／憂うつになっちゃう（2）／何もやりたくない（3BM）／どう生きていったらいいのか（3BM）／図版5において，泥棒が家の中に入り込み，盗まれる→この大変な出来事に対する，感情表現のなさ→分離のメカニズムか／図版7GF におけ

148　第8章　事例──TAT 分析・解釈の実際

る初発反応の遅れ／ボケーっと窓側に（8GF）→抑うつというより，退行（regression）か／急いでいて，騒いでいる（9GF）→一人で焦り，混乱／すごく焦っている（10）／図版 11 の岩壁とドラゴン様怪物についての叙述なし→抑圧のメカニズムか／裏切られて殺してしまった（13MF）殺しちゃう（18GF）／ただ真っ白（16）→不安感／13MF，18GF での「殺す」に関連する超自我機能について→それぞれ「警察に捕まる」「刑務所に入る覚悟で，罪を背負っていく」という形で超自我は機能している。「練習の日になっちゃった。行かなくっちゃいけない」(1)「私も働かなくっちゃいけない」(2)「手伝わなくっちゃ」(2) などの表現も超自我の働きを裏付けるもの。

　これらの分析情報から，現在の J さんは，とても憂うつで何もやりたくない気分であり，未来への展望は全くもてない状態で「抑うつ状態」と言えよう。精神分析学的な心の構造論の 3 つの部分であるエス，自我，超自我の機能のバランスとしては，超自我機能の働きが優位になっており，J さんを苦しめる。

　防衛機制としては，全体の TAT ストーリィを通して，原始的防衛機制と言われるものは基本的に見られなく，分析段階において指摘したように，抑圧，分離などが見られる。

　TAT ストーリィに現れている論理構成，図柄特性とストーリィとの関係性などからして，精神病水準と思われるような思考障害は見られない。

　ウエステン（1990, 1991）の対象関係尺度の観点からは，J さんの対象関係は大雑把に言えば，尺度 5 段階の中程度であると考えられる。

　以上から，J さんの心の不適応状態は，抑うつを主症状とするものであり，神経症水準の病態と考えられよう。

(8) 心理療法への適応性

　やりたくないけれど，もうちょっと行くことになる (1) ／落ちる

寸前のところで，くるっと回って向きを変えて，またのそのそ，歩いて来た方に戻って行って（11）→安全な方向，退却／催眠術みたいなもので治療しようとしている（12M）→受身的／ただ話を聴いて治療していく（12M）→このクライエントの心理療法イメージ／一人でどうしたらいいかわからなくて泣いている（20）

　心理療法という辛い心の作業をする自我の強さがあるか否かが，心理療法適応性に関するアセスメントにおける重要なポイントである。分析作業の中ででてきているように，心理療法に対して拒否的とか否定的ではない。しかし決して積極的ではなく，消極的である。とりあえず心理療法に通ってみる。そして催眠術をかけられるみたいに，受身的に治療を受けようとしている。これがJさんの心理療法に対する構えである。このままでは，心理療法に必要な心の作業はなかなか進まないであろう。心理療法の導入段階において，このJさんの消極的な構えを変化させることが必要になる。すなわち導入期において，治療への動機づけを丁寧に繰り返し行う必要がある。この点について，一定程度以上の成果が得られるかどうかが，心理療法の成否を分けるとも言えるであろう。

文献

Westen, D（1990）Clinical Assessment of Object Relations Using TAT. Journal of Personality Assessment, 56（1）

Westen, D（1991）Social Cognition and Object Relations. Psychological Bulletin

第9章　TATでのアセスメントを
心理療法へ繋げる
──フィードバック面接

第1節　フィードバック面接の考え方

　心理検査の結果は，被検査者（クライエント）にとり受検した意味があったと受け止められるようにフィードバックされ，その後の治療に活かされることで初めて役立つ。一方的に心理検査結果を伝えるだけでは，心理アセスメントのために費やした時間と労力が無駄になってしまう。心理検査結果を検査が依頼された目的に応えられるような形となるよう，そして何よりも心理検査を受けたクライエントが検査によって，自分自身に対する理解が深まるようにフィードバック面接を行うことは，心理アセスメントを行う上で大切な仕事の一つである。

　精神科領域での臨床を例に挙げると，心理検査によるアセスメントが依頼は，クライエントの主治医からなされることが多く，その場合は主治医に心理検査依頼の目的に沿って心理検査の分析・解釈結果を伝えることになるであろう。その後，検査者自身がクライエントに結果をフィードバックするような時には，どのような点に注意すべきであろうか。

　心理検査を行うにあたり，検査の必要性や目的について事前にクライエントに説明したはずであり，その延長線において結果の説明がなされなければならない。細かすぎる情報，多すぎる情報は，クライエントを混乱させることになる。たとえ正しい情報であっても，クライエントが受け止めることができる範囲以上の情報を伝えることは，意味をもたないばかりか，フィードバック結果にネガティブ

151

な印象をクライエントが抱いた場合には，その後に続く治療に悪影響を及ぼすこともあり得る。大切なのは，クライエントが心理検査結果を知ることによって，自分自身を理解し，問題を解決するための糸口や手がかりを得られるようにすることである。そのためには，フィードバック面接において，どのような言葉を使ってどの程度の内容を伝えるかということが肝心である。

　ここで，心理検査のフィードバックの仕方について，TATを例に挙げて述べてみたい。ある35歳男性のTATにおいて，自信のなさ，拠り所のなさを感じているという情報，その背景には両親にしっかりと抱え込んでもらった経験のなさがうかがえる特徴があるとする。現実生活においては，精神科に通院中で会社を休職中である。この時，「普段の生活においても自信のなさを感じておられるようですが，それは幼少期の両親との関係が影響していると思います」などと伝えるような心理臨床家はいないだろう。このような時，「日常生活の中で，ふと自分に自信がないと感じる時があるかもしれませんが，それは例えばどういう時でしたか？」と具体的状況や場面を問う形から入っていくのもよい。「どんな人でも親からの影響を受けるものですが，お父さん，お母さんについて話してくれませんか」などと，漠然とした形でクライエントに問いかけることもあるだろう。このようにして，質問の形式から入っていき，クライエントの自己認識や理解の程度を確かめながら，心理検査の結果を伝え，フィードバックを行う心理臨床家とクライエントで話をしながら，結果を深めていくことは，一つの望ましいあり方である。

　フィードバック面接においては，心理検査の結果をどのような言葉を使ってどの程度まで伝えるかということが大切であると述べた。熟練した臨床家になると，単に検査結果をわかり易く伝えるだけでなく，フィードバック面接それ自体が，治療的に作用するように意図しているものである。どのようにフィードバックを行うとそのような作用がもたらされるかについては，臨床家の経験に依るところが多く，理論的には十分な整理がなされていなかった。それに対し，フィンとタンセンガー（Finn, SE & Tonsager, ME, 1997）は，心理検

査の結果について検査者―被検査者（クライエント）が互いに話し合い，相互的なやりとりである協働作業を通して検査結果を共有する「治療的アセスメントモデル」を提唱している。フィン（2007）によれば，治療的アセスメント（therapeutic assessment）とは，心理検査によって得られたさまざまな情報をクライエントの援助に直接結びつけようとする考え方であり，心理検査を治療的な方法として用いるアプローチである。治療的アセスメント結果のフィードバックは，検査者がクライエントに対して一方的に分析結果や解釈を伝えるのではなく，臨床家が十分に方略を練った上で，クライエントと相互にやり取りを行う非常に能動的な関わりである。

その詳細は『Finn, SE.（2007）. *Theory and Techniques of Therapeutic Assessment In Our Clients' Shoes.* Lawrence Erlbaum Associates, Inc. 野田昌道・中村紀子（訳）（2014）. 治療的アセスメントの理論と実践 クライエントの靴を履いて。金剛出版。』を参照されたい。フィンは，心理アセスメントで得られた情報をクライエントにとって役立つようにフィードバックするために表1のような順番で伝える方が良いと考え，以下のような整理を行っている。

表1 クライエントに提示する心理アセスメント結果の整理（Finn, SE, 2007）

レベル1の結果
クライエントが普段もっている自分についての考えが正しいことを証明し，フィードバック・セッションで簡単に受け入れてもらえるアセスメント結果である。この情報を伝えられたときには，クライエントは「たしかに私のことですね」と答えることが多い。
レベル2の結果
クライエントが普段もっている自分についての考えを修正したり広げたりするものの，セルフ・エスティームや自己知覚を脅かさないアセスメント結果である。この種の情報を伝えられたときには，クライエントは次のように言うだろう。「自分のことをこんなふうに考えたことはなかったですね。でも，あなたのおっしゃることはぴったりきます」
レベル3の結果
クライエントが普段もっている自分についての考えからはかけ離れていたり，食い違っていたりするアセスメント結果であり，フィードバック・セッションでは受け入れられないことが多い。通常，レベル3の結果はかなり不安をかき立てるものであり，性格防衛のメカニズムを働かせることになる。

表1に示したように，フィン（2007）はレベル1と呼んでいる結果，すなわちクライエントが考えている自己像に合う結果からフィードバックを行い，徐々にクライエントが普段は意識していないような結果を伝えるとしている。フィンは，自身がレベル3と呼ぶ結果については，クライエントがこれらの情報についてフィードバック面接終了後も考え続け，時間が経過してから理解していくことがわかっていると述べているように，クライエントの状況に応じてどのレベルまで情報を伝えるかという工夫が必要になってくると考えられる。

　フィンは治療的で協同的なアセスメント・フィードバックの一連の作業は，ブリーフ・サイコセラピー（短期療法）に匹敵するものだと考えているが，

　心理アセスメント結果がうまくフィードバックされると，その後に続く心理療法へと繋げやすくなる。たとえその後に心理療法のような支援に繋がらない場合でも，フィードバック面接によって自分自身に対する理解や洞察を得られたことで，自らに必要な変化を起こし，問題を解決していく可能性も考えられる。

第2節　心理療法過程におけるTAT

　TATのフィードバックについて考える前に，TATを行うことが心理アセスメントも含めた心理療法との関係において，どのような意味を持つかについて考えてみよう。豊田洋子（1996）は，TATが心理療法においてどのような意味を持つかと考えられるかについて，次のようにまとめている。

①心理療法家が，自分の担当しているクライエントの心理療法過程で，その治療に役立てる目的でTATを行う場合には，治療過程の一環であるため，‘心理テスト’という言葉の響きが持つ探る・探られるといった「探り」の感じはやや薄れ，クライエント

自身の問題について相互に理解を深めるとか，互いに治療過程を確認しあうという意味あいをもつ。

②クライエントと出会った面接の初期に TAT を実施する場合は，クライエントがどのような問題を抱えた人なのか，心理療法というつらい心の仕事に耐えられる力をもっている人かどうかを捉える。すなわち，心理療法への適応性や見通しを与えてくれるものとしての TAT という意味をもつ。

③治療者が治療過程で行き詰まりを感じたり，クライエントの心の奥に隠れている叫びを聴きそこなっているように思われる時，TAT は治療過程における羅針盤としての意味をもつ。

④治療終結を目前にして TAT を実施する場合には，次のような意味をもつ。

　・治療的進歩，残された課題，問題解決していく力などを教えてくれる。

　・1 回目の TAT に現れたクライエントの病理につながるような特徴的な部分が，どのように変容してきたかを確認できる。

　・TAT を通して治療面接過程を振り返り，話し合うことができる。

⑤ TAT に取り組むこと自体がもつ，治療的意味合い。TAT は，クライエントの洞察を促す。

　山本和郎（1992）も「TAT で感じたことを治療者がクライエントにフィードバックすることで，それをきっかけに心理療法での心の点検が広がり，また深まるという利点がある……心理療法的かかわりの中で使用することが，TAT の持ち味をもっとも生かせる」とし，TAT を心理療法的関わりの中で使用することが，TAT の持ち味を最も生かせると，その治療的視点を強調している。

第3節　TAT のフィードバック

　TAT のような投映法は，その実施から結果のフィードバックま

第9章　TAT でのアセスメントを心理療法へ繋げる　155

での一連の過程が，心理療法の過程に通ずる，あるいは同じである
などと言われる。山本和郎（1992）は，TATのフィードバックに
ついて，「フィードバックTAT」という言葉を用いている。フィー
ドバックTATでは，TAT物語に展開されるイメージを題材として，
クライエントが表現したイメージの世界を共感的に味わい，相手の
心の世界を一緒に確かめていこうという姿勢を基本としている。そ
れにより自己の心の内面に目が向き，クライエントの自己理解が促
進されると考えられる。また，検査者にはTATの中で表現された
物語の中にクライエントをとらえる手がかりに触れながらクライエ
ントを理解する助けとなると考えられる。

　TATのフィードバックについては，山本和郎（1992）の『TAT
かかわり分析　豊かな人間理解の方法　東京大学出版会』において，
具体的な方法が整理されており，TATフィードバックを行う際に
役立つ。そこで，山本のフィードバックTATの方法をそのまま紹
介する。その中で筆者が日ごろ行っているTATフィードバックに
ついても補足的に触れる。

(1) フィードバックの準備（山本和郎『TATかかわり分析』1992）

　以下，→部分は筆者による補足

①相手の語ったTAT物語の転記コピーを作っておき，一部をクラ
　イエントにわたす。このTAT物語を見ながら話し合うことにな
　る。

　　→筆者がフィードバックを行う時は，TAT物語の転記コピーは
　　　準備していないが，事前にクライエントのTAT物語を振り返
　　　り，TATストーリィーを頭に入れるようにしている。

②検査者の方は，20のTAT物語の全てについて，その物語の状況，
　雰囲気，人物の特徴，物語の展開を，イメージ化し自分の頭の中
　に入れておく。そのために各物語の特徴を示すキーワードをメモ
　しておくと便利である。

③状況，人物，雰囲気の共通している物語をグルーピングしておく。このグルーピングした物語を点検することで，クライエントの基本的かかわり像の構造軸を明示することになる。

→筆者は，加えて本書の第7章に整理してあるように，家族関係，異性・恋愛・夫婦関係，性への態度・成熟性，一般的対人関係，仕事・職業，人格・行動特性などの枠組みに沿って，それらに関連する物語をグルーピングして点検することも併せて行っている。

(2) フィードバック面接の仕方（山本和郎『TATかかわり分析』1992）

①基本姿勢は，TAT物語の1つ1つの場面を思いかえして味わうことである。イメージと雰囲気をクライエントと共有し共感する。実は，この過程はすでにTATを施行している中でクライエントといっしょに行ったものそのものである。

→TATの基本姿勢であるTAT物語を味わうことによって，検査者がクライエントについての何らかの洞察を得られることも多い。筆者の場合は，TATを心理療法過程の中で用いた時に，特にそのように感じることが多い。

フィードバックTAT面接の冒頭では，筆者の場合は，まず検査時に使用したTAT図版をクライエントの前に全て並べ，一緒に図版を眺める時間を取っている。クライエントから「この図版では……と言いましたね」と話始める場合もあるし，筆者から「改めて図版を眺めてみて，印象に残っているものやご自身の心に残っている物語はありますか」などと問いかけて，クライエントとの対話を始めている。次に，フィードバックで使用するTAT図版をクライエントの前に置き，「この図版ではどのような物語を創られたか覚えていますか？」とクライエントに質問したり，「ここでは……というような物語を創られましたね」とクライエントの作った物語を読み上げたりしている。口頭でクライエントとTAT物語を振り返りながら，話し合い

第9章　TATでのアセスメントを心理療法へ繋げる　157

を行っている。

②ただし，1つ1つの場面だけでなく，いくつか共通する場面をとりだし，それをならべて味わってみるところが重要である。そして，その共通する物語状況を一言で象徴的にあらわすキーワードを抽出し明示する。また，同じ特徴をもったキーワードか，または，対照的な反対の意味をもつキーワードを明示する。このことで，その状況やそこに登場する重要人物の基本構造軸が自然に明示されることになる。その際，はじめからこの軸になる特徴だけを急いで明示するのではなく，共通の物語を1つ1つ味わいながら，その味わって実感しえたあとで，そのキーワードを明示することがのぞましい。しかしこれは，断定的な〜であるという解釈というよりは，「〜という点で，よく似てますね」，「〜ということばがよく出てきますね」，「こちらの女性とこちらの女性と全く正反対な特徴がありますね」という指摘にまずとどめておくべきである。

→筆者は，クライアントともにTAT物語を振り返って味わった後で，自然と自分自身に湧き上がってくるイメージをクライアントに伝えている。それがキーワード的になる場合が多い。

③この物語の特徴を指摘しながら，実は，いつも，どこかで「あなたらしい特徴ですね」という気持を伝えている。これは，あくまでもTAT物語を中心に検討しながら，実のところ，「これはあなたが作った，あなたの世界ですね。あなたらしさがよくでていますね」というメタ・メッセージが，このフィードバック面接の基底に流れているのである。

④上記のような気持を伝えながら，指摘をしたあと「あなたにとってどうですか」，「自分の中でこれをどう感じますか」，「あなたのお母さん（またはお父さん）」と関係させてみてどうですか」というように，今度は本人の内面のイメージとのかかわりへ目をむけ

158　第9章　TATでのアセスメントを心理療法へ繋げる

るような質問をなげかけることをする。そのことから，自然に自分の内面に目が向き，何か想いだすことや，気づくことが述べられることになる。この流れのなかに，クライエント自身，いままで漠然としていたことが，明確に自覚されたり，なんとなく分かっていたことが再確認される過程が発生することがある。

→フィードバックの準備のところでも触れたが，筆者は家族関係，異性・恋愛・夫婦関係，性への態度・成熟性，一般的対人関係，仕事・職業，人格・行動特性などの枠組みに沿って，関連する物語をグルーピングすることも行っているため，それらの枠組みに沿って，例えば家族関係ではあれば，それに関係すると思われる図版（1，2，6BM，6GF，7BM，7GFなど）をクライエントの前に並べ，「この図版では…というような物語。この図版では…。あちらの図版では…というストーリーでしたね」とクライエントに語りかけ，クライエントの反応を待つことが多い。クライエントによっては，そのことをきっかけに自分自身の家族関係についての気づきを語り出すという場合もある。その際，クライエントが再度TATを受検することもあり得るため，目の前に並べた図版から家族関係を見ようとしている，などということは口にしない。家族関係について葛藤を抱えているクライエントであれば，クライエントの反応を見ながら，どのような質問を投げかけ，どこまで話し合いをするかを臨機応変に判断することになる。

⑤上記の課程が，スムースに展開される時は，クライエントの方がどんどんTAT物語をきっかけに，自分の経験や自分の内面のことを話だし，心理治療過程に移行していくことがある。しかし，必ずしも，そうでなく，クライエントの中でしっくりしない時や，指摘されても，入り口あたりのところで，なかなか内面に関係づけられないこともある。その時は，そのままにして，次の側面の検討に入っていってもよい。その場合は，「そんなところもあるね」，「ほらこんな特徴もある」と，見るだけで深入りしないでお

く。このフィードバック面接の後に，さらにつづくかもしれない
心理治療面接の中で，後でもって「ああそうか」と気づくことも
ある。そうした，長い過程の中での一里塚と考えていればよく，
このフィードバックですべての効果を締めそうというあせりと欲
ばりは禁物である。

→実際の TAT フィードバックでは，クライエントによっては
　TAT 物語をきっかけに心の点検があまり賦活されず，口が重
　いクライエントにも出会う。そのような時は，時間と労力をか
　けてクライエントが TAT を実施してくれたことを考え，特に
　初学者の場合はなおさらであるが，TAT でわかったことを検
　査者がクライエントに一生懸命に説明するというようなことに
　陥りやすい。しかし，一方的な説明となってしまうと，TAT
　フィードバックの良さ，意味は失われてしまうため，このよう
　な山本の考え方を検査者が持っておくことは，フィードバック
　面接では有効である。

⑥ことば使いは，断定的な言い方は絶対さけるべきである。という
より，断定できないのである。イメージ化したり，味わったりす
る過程に，断定はない。デジタル的な思考は入る余地はなく，い
つもアナログ的思考であり，「〜のような」，「〜の感じ」，「〜の
雰囲気」といったファジー言語しか使えない。

→山本が言うように，TAT では断定的な言葉を使うことが難し
　いが，筆者の経験では，「〜のような感じに近いのかもしれま
　せんね。いかがでしょうか」などど，やや曖昧とも思えるふわ
　りとした言葉遣いでクライエントに投げかける方が，TAT 物
　語を介してのクライエントの自己理解がすすむ印象を持ってい
　る。

⑦また，TAT 物語をひとつひとつ味わうとき，あくまでも語り手
の使ったことばを使って味わい，こちらのことばを不用意に用い
ないことである。相手の世界は，相手が使っていることばの中味

にあるからである。こちらのことばにした瞬間，全くずれてしまったりする。ただし，その構造や特徴を明示する時は，まさに，それを明確に指し示すことばが鋭敏に使われる必要がある。言語化されることで，その構造が鮮やかに明るみにだされる一言である。「ただよい」と「明確化」のゆれのプロセスが大切である。

→クライエントがTAT物語の中で使った言葉を用いることは重要である。これはTATフィードバックに限った話ではなく，心理面接でも同様のことが言えるが，どのタイミングで，どのような言葉を使うかによって相手の琴線に触れるかどうかは変わってくる。

⑧フィードバックは全てする必要もない。基本的かかわり像の大きな軸を中心にフィードバックするだけでよいだろう。また，隅から隅までデータを読みきって，きっちり解釈して報告するようなテスト解釈報告でもない。むしろ，フィードバック過程の中でのクライエントとのやりとりに重要な意味があり，そこに治療的過程が介在しているのである。わからないところは分からなくてもよい。ぼやけているところは，ぼやけたままでよい。無理な解釈や，単純化した解釈はしない方がよい。これからの面接の流れの中で，「ああそうか，ああそうだったのか」と後で反芻してわかることもある。検査者や治療者が全てを分かっていなくてはいけないということはない。共にたしかめながら旅をつづけていく，ひとつの課程に過ぎないのが，フィードバックTAT面接なのである。

→わからないところは分からなくてもよい，という姿勢はまさに心理療法にも繋がるところである。わからないまま，共に味わうというところに他の心理検査にはないTATの醍醐味がある。

文献

Finn, SE & Tonsager, ME（1997）Infomation gathering and therapeutic
models of assessment:Complementary paradigms. Psychological As-

sessment, 9, 374-385

Finn, SE (2007) Theory and Techniques of Therapeutic Assessment In Our Clients' Shoes. Lawrence Erlbaum Associates (野田昌道・中村紀子訳 (2014) 治療的アセスメントの理論と実践——クライエントの靴を履いて. 金剛出版.

豊田洋子 (1996) TAT の実際—心理療法前後の比較を通して／赤塚大樹・森谷寛之・豊田洋子・鈴木國文「心理臨床アセスメント入門——心の治療のための臨床判断学」培風館.

山本和郎 (1992)「心理検査　TAT かかわり分析——ゆたかな人間理解の方法」東京大学出版会

第10章 テスト・バッテリー論

第1節 テスト・バッテリーの考え方

　心理アセスメント（psychological assessment）のアセスメントとは，日本語で言うところの"査定"の意味で，「心理査定」と訳される。心理検査は心理アセスメントの中核をなすが，単に心理検査を実施するのではなく，面接や観察なども含めてクライエントに関する情報を収集し，それらを統合してクライエントをより深く理解するために行われるものである。

　氏原寛（2004）は，心理アセスメントの目的について，「被検者の可能性を探るために行われる」ものであり，「それを行う方が行わない場合よりも被検者の役に立つ，というはっきりした見通しのない限り，少なくとも臨床の場でむやみに行うべきものではない」と心理臨床家に求められる姿勢を述べている。つまり，心理アセスメントとは，異常の発見や何かの選別のために行われるものではなく，クライエントの心の成長を促すような可能性をそこに見出し，適切な治療方法を決定するために行うべきものであり，この氏原の指摘は常に心に留めておかねばならない。

　本章では，心理アセスメントの中核をなす心理検査について取り上げる。例えば，精神科臨床を例に挙げると，精神病理学的に典型例の症例もあれば，典型から大きく外れており同定が難しい症例も多い。身体医学における血液検査や画像検査などに類する機能を持つものは，精神科臨床においては心理検査しかない。問診で診断が同定できないものは心理検査による情報が重要になってくる。心理検査は，非常に多くの検査が標準化されており，その種類も多岐に渡る。その検査は大きく分けると，知能検査と性格検査に分けられる。代表的な性格検査として，MMPI（ミネソタ多面的人格目録），

MPI（モーズレイ性格検査），YG検査（矢田部・ギルフォード性格検査）などの質問紙法，内田・クレペリン精神作業検査などの作業検査法，描画法，SCT，ロールシャッハ法，TAT・CATなど投映法がある。

　個々の心理検査にはそれぞれの持ち味があるが，一つの心理検査で把握することができるパーソナリティの領域は限られている。複雑，多様なパーソナリティを理解するためには，単一の心理検査を実施するだけでは不十分である。そのため，いくつかの心理検査を組合せ，テスト・バッテリーを組むことになる。数多くの検査を組合せると，多くの情報を得ることができると考えられるが，検査時間や検査料金がその分だけ増えることになり，被検査者（クライエント）の負担が増すことになるため，必要最小限のテストで最大限の結果が得られるように工夫することが大切である。実際の心理検査の施行にあたっては，検査実施の目的，検査対象者の年齢や臨床像，検査者の検査への習熟度などを考慮し，数多くの心理検査の中から必要かつ適切な検査を選択して実施することが必要となる。どのような心理検査を選択し，テスト・バッテリーを組むかということは，心理臨床家の腕の見せ所となる。

　テスト・バッテリーについて考える際には，各種心理検査がパーソナリティのどの側面を捉えているのかという問題を考えなければならない。心理検査の中でも性格検査における場合を考えると，質問紙法と投映法では，明らかにしようとしている心理的水準が異なるということは広く知られている。シュナイドマン（Shneidman, ES, 1949）は，図1に示したように，パーソナリティ構造における意識水準の深さと各種性格検査の関係を図示化した。この図式は，フロイト（Frueud, S）の局所論（意識－前意識－無意識）の影響を受けたものと考えられ，パーソナリティ水準を意識，前意識，無意識の3つ分けている。それに各種性格検査を対応させる形で，質問紙法を飛行機に，TATを海に浮かぶ船に，ロールシャッハ法は潜水艦にたとえている。

　このような，パーソナリティ構造を水準に分けて考えるという理

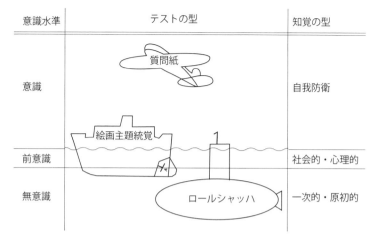

図1　各種性格検査の位置づけ（Shneidman, ES 1949；訳は筆者による）

論的背景の下で，パーソナリティの異なる領域を捉えていると考えられる投映法と質問紙法という組み合わせが，性格検査におけるテスト・バッテリーの一つの古典的なモデルとなってきた。

　シュナイドマン（1949）の図式は，質問紙法は意識レベルに関係するとし，TAT は前意識水準を中心に捉える検査として位置づけているが，甲板など海上に出ている部分には意識が関係しており，海面より下にある船のエンジン，スクリュー，舵は無意識世界にあることから，幅広い水準を実は考えている。ロールシャッハ法は主として海中にあり，無意識レベルに関係しているが，潜望鏡を海上にのぞかせてもおり，前意識〜意識水準の領域にも到達することができるとしている。しかし，こうした詳細なニュアンスは十分に広まらず，質問紙法は意識水準を捉えるもの，TAT やロールシャッハ法の投映法は無意識水準を捉えるもの，というように単純に理解されてしまうことになった。そのような機械的な整理の仕方は間違ってはいないが，片口安史（1969）は YG 性格検査，片口式文章完成法（K-SCT），ロールシャッハ法の 3 種の検査でテスト・バッテリーを組んだ事例と呈示し，「インベントリーが人格の意識的な面

を，投影法がその無意識的な面を測っているというような杓子定規な見かたは，事実に反する場合もある」と批判的に述べていることは知っておくべきことであろう。もし仮に質問紙法と投映法の組合せを一般常識かのように考え，機械的にテスト・バッテリーを組むようなことがあれば，そのような姿勢に対する問題を片口安史（1969）の投げかけは指摘するものである。

　テスト・バッテリーを考える上では，ラパポート（Rapaport, D, 1968）のウェクスラー式知能検査とロールシャッハ法，TAT などの投映法を組合せて実施する考え方も忘れてはならない。ラパポートは，精神分析的な観点からテスト・バッテリーを論じ，刺激課題が具体的かつ検査の目的が明確な知能検査と刺激が曖昧で検査の目的が不明瞭な投映法という，投映水準と構造水準が異なる心理検査をバッテリーとして用いることで，診断や治療に役立つ情報が得られるという考え方を示している。構造の程度が異なる心理検査を併用することで，さまざまな状況下でのその人を観察することができるというわけである。例えば，より構造化されたウェクスラー式知能検査では問題なく反応するのに対し，構造化の弱いロールシャッハ法では反応に苦労し，逸脱した反応する人がいることはよく知られている。

　馬場禮子（1969）は心理検査に投影される心理的水準を「投映水準」と呼び，表1に示したように各種の心理検査が持つ刺激特性や検査場面の特性によって，それぞれの心理検査の投映水準が変化することを指摘している。それゆえに，構造化の程度が異なる複数の心理検査をバッテリーとして組むことを推奨している。

第2節　投映法によるテスト・バッテリー

　性格検査に分類される心理検査のうち，投映法検査はクライエントを深く理解するための手がかりを与えてくれるものであり，強力な検査であるなどと言われる。それゆえ，心理臨床場面において投

表1　心理検査の投影水準（馬場禮子『力動的心理査定』2017年より）

検査法	投映水準		内界の表出
質問紙法	精神内界	社会的態度	表層
SCT			
TAT			↓
ロールシャッハ			深層

映法検査は優れたツールとして積極的に活用されている。投映法検査については，その妥当性と信頼性などに関して疑問符を投じる考えがある（岩脇三良，，1973；松井仁，1993；村上宣寛，2005；Wood et al.，2003）が，その手法は臨床心理学の領域において確固たる地位を確立している。それは投映法検査が，被検者本人が意図したものしか表現されない質問紙法とは違い，本人にも意識されていない精神内界，性格構造，葛藤といったパーソナリティの特徴を多面的にアセスメントすることができるためである。臨床の場で投映法検査がよく用いられているのは，そのように得られる情報量が多い点もあるが，何よりも投映法検査を通して「独特の現われを示す心の諸層があることを，そしてその現われが臨床家にとって貴重な情報源になる」（馬場禮子，2006）ということを心理臨床家が経験的に知ってからではないだろうか。

　性格検査における古典的なテスト・バッテリーの考え方として，投映法と質問紙法という組み合わせについて前節で述べたが，そのようなバッテリーモデルの中で，マレー（Murray, HA）はシュナイドマン（Shneidman, ES, 1951）の『Thematic Test Analysis』の前書きに寄せて，臨床アセスメントを行う時間が2時間しかない状況であったら，TATとMAPSテスト[1]を複合で行うのが最も効果的であると，投映法検査によるテスト・バッテリーを強く勧めていることは意義深い。また，佐野勝男・槇田仁（1955）は，SCT，TATを中心に心理臨床アセスメントに役立つテスト・バッテリー

1）MAPSテストはMake A Picture Storyの略で，TATの弟（younger brother of the TAT）とも言われる投映法検査である。1947年にシュナイドマンが考案した

の研究を行い，複雑なパーソナリティ構造やその機能を調べるためには投映法検査によるバッテリーが役立つということを示唆的に述べている。わが国におけるほぼ最初の臨床心理学のテキストと考えられる，1952年に出版された戸川行男の編集による『臨床心理学』の中にはテスト・バッテリーという発想は見られないものの，1958年に千輪浩が監修した『臨床心理学』では，パーソナリティ検査の章において「テスト・バッテリーの問題」という項が設けられ，上述した佐野勝男・槇田仁（1955）によるテスト・バッテリー研究が紹介されている。これらのことから考えると，日本において，テスト・バッテリーという視点から心理臨床アセスメント研究を行ったのは，佐野勝男・槇田仁を嚆矢とすると考えてよいと思われ，それがSCTとTATという投映法検査の組合せによるバッテリーであったことは興味深い。

　実際にテスト・バッテリーを組む際には，従来からよく知られているな質問紙法と投映法検査による組合せが望ましい場合もあるであろうし，知能検査と性格検査という組合せも良い場合もあると思う。しかしながら，ここでは，SCT，TAT，ロールシャッハ法という主要な投映法を中心としたテスト・バッテリーについて考えてみたい。

(1) SCTとロールシャッハ法

　前節でも触れた通り，馬場禮子（1969, 2017）は，構造化の程度が異なる複数の心理検査をテスト・バッテリーとして組み合わせることを提案している。構造化とは，構造化面接，半構造化面接というように面接法にもその言葉が見られるように，検査の教示の仕方などの施行法があらかじめしっかりと決まっており，被検者からも実施の目的が分かりやすく，誰が実施をしても基本的には同じ結果が得られる検査であるほど，構造化の程度は高いとされる。性格検査の中で最も構造化されている検査は，質問紙法である。

　これに対し，表1に示した通り，投映法検査の中でもロールシャッハ法は精神内界の最も深層を明らかにする検査であり，構造化の

程度が緩い検査である。馬場禮子（2017）はロールシャッハ法について，検査の構造条件からも退行促進的であり，投映法であることから検査目的が被検者に分かりにくく，検査状況が手探りの不安定なものになりやすいこと，検査刺激が曖昧で，非日常的で，色彩や濃淡という感覚や感情を掻き立てるものを伴っていること，反応は単語羅列でよく，連続的な思考活動（論理性）を要しないこと，さらに検査者という感情的反応を起こさせる存在があること，などがすべて退行を促す条件となっていると述べている。そうした条件を持つがゆえに，質問紙法のような本人による意識的操作が可能な検査には示されない深い心の様相や病理的側面が現れ，心理アセスメントに役立つ被検者の情報を得ることになる。

　小此木啓吾・馬場禮子（1972）は，そのようなロールシャッハ法の特徴が利点であると同時に，被検者の具体的な生活行動そのものから遊離しているという検査の限界にもなっているとし，ロールシャッハ法とは構造化の程度が異なる退行刺激が少ない心理検査をテスト・バッテリーとして併用することを推奨している。具体的には，臨床場面で最もよく用いているテスト・バッテリーとして，SCTを挙げている。SCTは，小此木啓吾・馬場禮子（1972）によると，「被検者の自己認知のあり方，対社会，対家族，対異性関係，生活史的事実，生活や人生の目標，価値観などに関する直接的な自己表現が示される点で，またそれらの自己表現が意識的になされるものであり，二次過程のより優先する心理状態で表現されるという点で，ロールシャッハ・テストとは質的に異なる資料を提供する。同時に，特に多量の設問に短文で応える方式のSCTでは，意識的な統制の少ない気軽な思いつきを記入しやすく，そこに前意識の投影が介入しやすいという点で，ロールシャッハ・テストとの連続性を保ちやすい投影法的特質をそなえている」という。

　馬場禮子（2017）は，ロールシャッハ法には被検者が気づかない被検者本来の自分（無意識的な層：本当の自己）が反映され，SCTはより意識の表層に近い考え（あるいは偽りの自己）が反映されると述べており，構造化の程度の異なる検査間で結果が矛盾するよう

なことがあった場合には，それこそがパーソナリティの諸相であり，矛盾する情報を臨床像とも照合することによって，立体的なパーソナリティ像を描き出す必要性を強調している。

(2) TAT とロールシャッハ法

TAT の有効性は多くの専門家が認めているところであるが，TAT は分析法や解釈法が難しいなどという心理臨床家からの声を少なからず耳にすることからすると，TAT がテスト・バッテリーとして用いられる頻度は決して高くないと思われる。

しかしながら，シュタイン（Stein, MI）による『The Thematic Apperception Test』という著書を見ると，1948 年の初版が出版されてから 7 年後の 1955 年に改訂され，臨床事例に対して TAT によるアセスメントを行うだけではなく，心理療法前後の TAT を比較研究するなど，TAT の積極的な活用を試みている。シュタインは，TAT は単体で使用するよりもテスト・バッテリーとして考えることでこの検査が生かされるということにも言及している。

さらに，シュタインは『Evocative Images : The Thematic Apperception Test and the Art of Projection』(1999) の第 10 章「TAT への人格査定学的接近」において，テスト・バッテリーという小見出しを設けている。その中で，臨床診断が目的の場合や治療目的を選択する目的の際に想定されるテスト・バッテリーについて具体的に叙述しており，一連のテスト・バッテリーを 2 段階に分けて実施することを考えている。これはシュタインが，TAT を 2 セッションに分けて実施するというマレーの影響を受けているためであろう。シュタインもマレーにならい，おそらく両セッションの間に 1 ～ 3 日くらいの時間を置いていると予想される。

第 1 セッションは，① （検査）開始のための面接，②知能検査，あるいは認知機能の測定，③シュタイン式 SCT（Stein Sentence Completion Test : SSCT）の第 1 部の実施，④ TAT の第 1 系列 10 枚の実施，⑤ TAT によって賦活される素材が含まれていると考えられる SSCT 第 2 部の実施，となっている。第 2 セッションでは，⑥

（検査）開始のための面接，⑦ロールシャッハ法，⑧TATの第2系列10枚の実施，⑨（検査）終了のための面接，を考えている。このようにシュタインは，TAT，SCT，ロールシャッハ法によるテスト・バッテリーを考えていた。

ラパポート（1968）は，うつ病や強迫性障害などさまざまな精神疾患のTAT事例を提示しながら，形式分析を行うことによってTATの精神病理学的診断に繋がる特徴を積極的に検討しており，「ロールシャッハ法やウェクスラーベルビュー（Wechsler – Bellevue）で精神病がはっきり捉えられない時にTATに見られるわずかな異常な物語，知覚的歪みによって精神病の診断が明確になる」とTATをバッテリーとして用いる有効性を指摘している。

TATマニュアルを見ると，マレー（1943）自身がTATとロールシャッハ法のテスト・バッテリーに言及しており，相補的情報を提供してくれるのでアセスメントとして格別に有効であると記している。このTATとロールシャッハ法というバッテリーについて，空井健三（1990）は，「刺戟価の相違が，被検者の特殊な問題とその程度を探るのに役立つ」とTATとロールシャッハ法における刺激図版の構造化の程度の違いを取り上げている。そして，「ロールシャッハ・テストとTATを較べてみると，TATの方がはるかに構造化された刺戟であり，多くの図版で，誰がみても登場人物を同定できる。……それゆえに，刺戟の構造化の度合の異なる投影法をうまく組合わせると，その人の内的な特性や外的な適応性つまり人格の理解がより容易になる」と，投映法によるテスト・バッテリーの効用を指摘している。

空井健三（1990）の言う投映法同士を組合せるバッテリーの利点に対して，赤塚（1996）は「ロールシャッハ法は被検査者のあり方の基礎的構造（骨組み）を示してくれるのに対して，TATは実際の人間関係の中で，どのように行動するかというような面をいきいきと表現してくれる」と述べ，そのような違いを持つロールシャッハ法とTATによるテスト・バッテリーを心理臨床アセスメントの中で積極的に取り上げていく意義は大きいとしている。

氏原寛（1986）も TAT とロールシャッハ法による組合せについて，「ロールシャッハと TAT の探ろうとする人格の層には明らかな相違があり，両者を総合することによって一層ビビットな被験者の人格像が明らかになる」と述べており，氏原寛（2005）ではロールシャッハ法と TAT では焦点の当て所が異なるがゆえに，「テスト・バッテリーとして，より多角的な人格像が明らかになる」とロールシャッハ法と TAT をテスト・バッテリーとして用いる有効性を示している。

　TAT についてよく知らない読者の方でも，一度この検査を受けてみると，自分が作った物語の中に自分らしいところが多々表現されていることに気がつくことだろう。TAT は図版刺激そのものが人物が描かれた具象的なものであることが多いことから，被検者が自分自身をめぐる対人関係のあり方など，自分に気づくきっかけになりやすい。それゆえに心理検査結果をフィードバックする際には，被検者の実体験と結びついた自己理解や自己洞察を促しやすいという利点もある。以上のような視点も含めて考えると，TAT をテスト・バッテリーとして組み入れる意味について，改めて考えてみる必要があるのではないだろうか。

　筆者は，特定の病態や症状を捉えようとする際，ロールシャッハ法では実際よりも重い病理，病態が示されるのに対し，TAT では病態像の特徴を緩やかに捉えるというように，それぞれの投映法上に現れる病態像が異なるということを経験し，TAT とロールシャッハ法によるテスト・バッテリーの有効性を感じている。この点については，次の 11 章で紹介したい。

文献

赤塚大樹（1996）心理検査を実施する：心理検査によるアセスメントの
　　実際／赤塚大樹・森谷寛之・豊田洋子・鈴木國文「心理臨床アセス
　　メント入門——心の治療のための臨床判断学」培風館
馬場禮子（1969）投影法における投影水準と現実行動との対応／片口安
　　史・秋山誠一郎・空井健三編「臨床心理学講座　第 2 巻　人格診断」

誠信書房

馬場禮子（2006）投映法　どう理解しどう使うか／氏原寛・岡堂哲雄・
　　亀口憲治・西村洲衞男・馬場禮子・松島恭子「心理査定実践ハンド
　　ブック」創元社

馬場禮子（2017）退行理論と投映法／馬場禮子編著「力動的心理査定—
　　ロールシャッハ法の継起分析を中心に」金剛出版

千輪浩監修，石川清・大熊輝雄・小此木啓吾・加藤正明・懸田克躬・片
　　口安史・上出弘之・菅野重道・佐治守夫・菅又淳・外林大作・高臣
　　武史・滝沢清子・土居健郎・楢林博太郎・西谷三四郎・村上英治・
　　室伏君士（1958）「臨床心理学」誠信書房

岩脇三良（1973）「心理検査における反応の心理」日本文化科学社

片口安史（1969）テスト・バッテリー—事例を用いての考察／片口安
　　史・秋山誠一郎・空井健三編「臨床心理学講座　第2巻　人格診断」
　　誠信書房

松井仁（1993）ロールシャッハテストとその他の投影法検査／渡部洋編
　　「心理検査法入門——正確な診断と評価のために」福村出版

村上宣寛（2005）「心理テストはウソでした　受けたみんなが馬鹿を見
　　た」日経BP社

Murray, HA（1943）Thematic Apperception Test Manual. Harvard
　　University Press

小此木啓吾・馬場禮子（1972）「精神力動論—ロールシャッハ解釈と自我
　　心理学の統合」医学書院

Rapaport, D（1968）Diagnostic Psychological Testing. NewYork; Inter-
　　national Universities Press

佐野勝男・槇田仁（1955）臨床心理におけるテスト・バッテリーの構成
　　—基礎的問題に関する二三の考察．精神医学研究所業績集，2，61-
　　82

Shneidman, ES（1949）Some comparisons among the four picture test,
　　thematic apperception test and make a picture story test.
　　Rorschach Research Exchange and Journal of Projective Tech-
　　niques, 13, 150-154

Shneidman, ES（1951）Thematic Test Analysis. New York; Grune &
　　Strattton

空井健三（1990）投影技法のテスト・バッテリー／安香宏編「性格心理
　　学新講座4　性格の理論」金子書房

Stein, MI（1948）The Thematic Apperception Test. An Introductory Manual for Its Clinical Use with Adult Males. Cambridge; Addison-Wesley Press

Stein, MI (1955) The Thematic Apperception Test. An introductory manual for its clinical use with adults, Revised Edition. Cambridge; Addison-Wesley Publishing Company

Stein, MI (1999) A Personological Approach to the Thematic Apperception Test／Gieser, L & Stein, MI (Eds) (1999) Evocative Images: The Thematic Apperception Test and the Art of Projection. American Psychological Association

氏原寛 (1986)「心理診断の実際　ロールシャッハ・テストと TAT の臨床的解釈例」誠信書房

氏原寛 (2004) 心理アセスメント（総論）／氏原寛・亀口憲治・成田善弘・東山紘久・山中康裕編「心理臨床大事典　改訂版」培風館

氏原寛 (2005)「ロールシャッハ・テストと TAT の解釈読本――臨床的理解を深めるために」培風館

Wood, JM, Nezworski, MT, Lilienfeld, SO, & Garb, HN (2003) What's Wrong with the Rorschach? Science Confronts the Controversial Inkblot Test. John Wiley & Sons／宮崎謙一訳 (2006)「ロールシャッハテストはまちがっている―科学からの異議」北大路書房

174　第 10 章　テスト・バッテリー論

第11章　テスト・バッテリーの実際

──双極Ⅱ型障害を TAT とロールシャッハ法の バッテリーで捉える

第1節　TAT とロールシャッハ法を用いた双極Ⅱ型障害のアセスメント

(1) 双極Ⅱ型障害のアセスメントの必要性

　双極Ⅱ型障害は，1994 年に DSM-Ⅳに初めて登場した疾患で，うつ病相に加えて軽躁病相が見られる気分障害の一つである。「軽躁」というその言葉の通り，本格的な躁病相にまでは至らず，古典的な躁うつ病（双極Ⅰ型障害）とは異なるとされる。DSM-Ⅳから 19 年ぶりに改訂された DSM-5(2013) では，「気分障害」の枠組みがなくなり，新たな「双極性障害」というカテゴリーの中に分類された。

　双極Ⅱ型障害の診断に不可欠な軽躁病エピソードの診断基準は，DSM-Ⅳ (1994) では「持続的に高揚した，開放的な，またはいらだたしい気分が，少なくとも 4 日間続くはっきりとした期間があり，それは抑うつのない通常の気分とは明らかに異なっている」となっているのに対し，DSM-5 (2013) では「気分が異常かつ持続的に高揚し，開放的または易怒的となる。加えて，異常にかつ持続的に亢進した活動または活力のある，普段とは異なる期間が，少なくとも 4 日間，ほぼ毎日，1 日の大半においてみられる」と気分の高揚感に加え，活動性や活力の変化が具体的に付け加えられた。しかし，双極Ⅱ型障害の多くが，うつ病エピソードの期間が非常に長いことが指摘されている一方で，軽躁病エピソードが明確になるまでは双極Ⅱ型障害との診断はできないため，潜在的な軽躁病の特徴があったとしても，うつ病エピソードが目立つ時期に医療機関を受診した

175

場合は，正確な診断がなされない可能性がある。そのため，
DSM-5（2013）の双極Ⅱ型障害における鑑別診断の項目には，「もっ
とも困難なのが，うつ病との鑑別診断である」と記載されている。
フランセス（Frances, A, 2013）は，『正常を救え　精神医学を混乱
させる DSM-5 への警告』の双極Ⅱ型障害の項において，「精神医学
の全分野で最も重要な区別は，残念ながら最も困難な区別だと言え
るかもしれない。患者に見られるのは双極性の気分変動なのか（気
分の落ち込みと高まりが周期的に交代しているのか），それとも単純な
単極性の抑うつなのか（高まりなしで落ち込みが繰り返されているの
か）。この診断のちがいは以後の治療に大きくかかわってくる」と
指摘している。これらは，双極Ⅱ型障害に少なからず見られる，先
行する抑うつに対する判断が難しいことを意味している。

　そのような診断上の判断の難しさに加え，双極Ⅱ型障害の軽躁は
気分が高揚し，仕事がはかどり，本人にとっては調子が良いと感じ
られる状態である。気分が落ち込み抑うつ的な状態になるうつ病相
のような苦痛を感じないため，本人や周囲も軽躁状態にあるという
病識が持ちにくく，軽躁病エピソードが見逃されてしまいやすい。
さらに，その臨床像は多彩で併病が起こりやすいこと，内海健
（2013）が DSM に示されるような「チェックリスト精神では捉えき
れぬ，変幻自在な顔をみせる病態である」と指摘していることなど
も含めて考えると，具体的な診断基準を示した DSM-5 においても，
その時々の病態像によっては双極Ⅱ型障害を的確にアセスメントす
ることは容易ではないと考えられる。しかし，双極Ⅱ型障害独自の
薬物療法や心理療法についての治療戦略を立てるためにも，アセス
メント方法の確立（特に単極性うつ病〈大うつ病性障害〉[2] との鑑別）
は早急に取り組むべき課題であると考えられる。

2）DSM-5（2013）には「単極性うつ病」の用語はないが，わが国でよく使用
されてきた病名であり，精神医学領域の文献の多くにも用いられていることか
ら，DSM-5 の「大うつ病性障害」と併記して記述している。

(2) TAT を病理・病態のアセスメントのために使用すること

　ロールシャッハ法は，テストを考案したロールシャッハ (Rorschach, H) が精神医学者であったこともあり，早くから精神疾患に関するデータが積み重ねられており，精神疾患に関する病理，病態のアセスメントに使用する場合のある程度の鑑別基準ができている。そのため，一般的にロールシャッハ法は，精神医学的診断に有効性を持つと考えられ，心理臨床家が投映法を用いて神経症水準より重篤な病態のアセスメント行う場合，ロールシャッハ法が第一選択となることが多い。ロールシャッハ法を用いて統合失調症，躁うつ病，うつ病，境界性パーソナリティ障害などの病態のアセスメントに繋げようとする研究は数多く行われており，その診断基準についても明確にされている。

　一方 TAT は，特に精神疾患の鑑別診断における使用については，細木照敏（1967）が，TAT はパーソナリティの肉付き具合を捉えるというその特色を生かした利用の仕方が適当だという考えから，「疾病との対応関係を探ることにより，このテストを鑑別診断の補助として使用することは，無意味とはいわないまでも，このテストの特色を生かすことにはならないと思う」，「鑑別診断の補助資料を要求されることの多い現在の臨床心理サーヴィスにおいては，TAT は基本的なテスト・バッテリーには組み入れられないと信ずる」と言及しているように　TAT をロールシャッハ法のように病理・病態のアセスメントに用いることは不十分だと感じる臨床家は多いと思われる。その理由として，TAT はそもそもロールシャッハ法のような分析・解釈の方法が馴染まないことや分析・解釈方法が難しく，多種多様で体系化されていないこと，ロールシャッハ法のように数量的な結果を得られないことが挙げられる。そのため，TAT は診断というよりも被検査者の人間関係の世界を中心とした具体的な対人関係の力動を明らかにするものと考えられており，臨床心理アセスメントや心理検査に関する多くの概論書では，TAT は被検査者の対人関係のあり様や欲求とその圧力の関係などを中心としたパーソナリティを明らかにするのに有効な手法であるといっ

第 11 章　テスト・バッテリーの実際　177

た記述がなされている。このパーソナリティを捉えるという言い方は、病態診断に関わる臨床情報を捉えるという言い方を排除するものではないが、シュタイン（Stein, MI.）やシュナイドマン（Shneidman, ES.）、ラパポート（Rapaport, D.）らがTATに関する初期の研究の中で病理・病態診断という視点を含めてパーソナリティを捉え、臨床の場における有効なアセスメントの道具としてTATを発展させようとした方向は、その後の特に日本の臨床心理学の歴史の中で全面的には展開してこなかったという経過がある。それゆえに、本書の第6章でも説明、叙述されているように、TAT研究者たちが臨床経験を通して病態診断に役立つTATの基準を積み重ねてきたという事実は十分に知られていないように思われる。

　滝沢清人（1985）はTATについて、ロールシャッハ法とともに精神科診断学における最も有力な方法の一つであり、豊かな臨床経験、優れた面接法、高度な洞察によってその効果は素晴らしいものとなると言及しているように、TATを病理、病態のアセスメントに用いる有効性を改めて見直してみてもよいのではないだろうか。次節では、TATとロールシャッハ法をバッテリーとして、双極II型障害の病理、病態のアセスメントを行った事例を紹介する。両検査法上にその病理的特徴がどのように現れるかを検討し、TATとロールシャッハ法をバッテリーとして用いる有効性について考えてみよう。

第2節　事例

（1）事例の概要

　精神科クリニック来院時40代前半女性、短大卒、未婚、会社員。

　短大卒業後、現在の会社に就職し20年以上が経つ。会社の人事異動により担当する仕事の一番の古株となり、重責を感じるようになった。めまい、月経周期の乱れ、悪心が出現したため、身体疾患を疑い脳神経外科受診し検査を受けるが、異常は見あたらず、精神

科受診を勧められる。過去に大きな病歴はなく，これまでに精神科受診歴はない。精神科受診時の本人の主観的な訴えは，「出社拒否症。日曜日の夜になる頃から気分が悪くなり，朝は調子が悪い」，「このまま仕事を続けていて良いのか？」，「うつ気分」であった。治医による初診時から治療初期の診断名は「うつ病」であり，抗うつ薬による薬物療法が開始された。

　初診時に主治医から休職の指示がなされ，その後，休職と復職を繰り返す。精神科初診時から1年8カ月が経過した頃，デパートの紙袋を抱えて来院することが増え，衝動的にバックを購入するなどの浪費行動が目につくようになった。その時の本人の自覚は「快調」，「陽気」で，「仕事に行っていた方が元気」と上り調子であることを訴えた。また，主治医の指示で終業時間を1時間短縮した短時間勤務という条件で復職をしているにも関わらず，主治医に相談もしないまま，一方的に上司に「1時間の短縮勤務を止めて8時間勤務にする」などと伝える言動が見られた。しかし，1週間もたないうちに「会社で1日中泣けた」と抑うつ状態になった。このような軽躁状態と抑うつ状態のエピソードを受け，主治医によりクライエントの症状について，DSM-Ⅳの双極Ⅱ型障害の診断基準を満たすと診断が変更された。薬物療法の処方についても，抗うつ薬が減量となり，気分安定薬が追加される変更がなされた。

　本事例は，初診時直後からクライエントの希望により，心理療法を開始（週1回，30分。対面法により筆者が担当）しているが，筆者が退職することとなり，クライエントの現状把握，クライエント自身の自己理解の手助けとすること，後任の担当者に引き継ぐ際の資料とするため，初診時から2年10カ月経過した時期にロールシャッハ法とTATを実施した。両検査については，クライエントに検査実施の目的を十分説明し，クライエントも検査を希望した上で前向きに受検している。

　検査実施時のクライエントの状態像としては，軽躁状態とうつ状態を繰り返しており，会社では些細な入力ミスや書類の紛失といった，以前のクライエントからは考えにくいミスが頻発し，上司に攻

撃的な態度で接して衝突するなど，人間関係上のトラブルを引き起こすことがたびたび起こるようになっていた。クライエントは自分の様子を「今，マイナス思考」と話す一方で，「眉毛のアートメイクにトライしてみた」，「気分は下がっている」と言う一方で「（仲が良いと思っている）会社の後輩がいて，その後輩に家に来ないかと初めて誘ってみた」などと語っている。気分，思考とその行動が一致していない様子であるが，行動面からすると，軽躁エピソードが前面に出ており，軽躁状態であると考えられた。

(2) TAT とロールシャッハ法の分析の視点

　TAT とロールシャッハ法が拾い上げるパーソナリティの側面は必ずしも同じではない。しかしここでは，TAT，ロールシャッハ法によって推定できる病理・病態の特徴が重要な着目点となるため，TAT，ロールシャッハ法，それぞれの検査が明らかにする側面をできる限り同じ視点で比較することができるよう，認知・思考面の特徴に注目する。

　TAT では本書の第6章に提示している精神病理学的診断基準（原典は『赤塚（2008）TAT 解釈論入門講義，培風館』）のうち，うつ病および躁病についての基準の中から認知・思考面の特徴を筆者が抽出・整理し，病理的特徴の検討を行うこととし，対象者のTAT がその項目に該当するか否かを検討する。使用する TAT の判断基準項目は表1に示す。

　ロールシャッハ法では形式分析および名古屋大学式技法（名大法）における思考・言語カテゴリーを中心に検討を行う。思考・言語カテゴリーとは，「ロールシャッハ法のプロトコルの中に広く分散してあらわれてくる思考・言語過程の様相を，質疑段階をも含めて被検者の言語表現（verbalization）のすべてを分析の対象とするものである。全13カテゴリー，全85スコアから構成されている」（名古屋ロールシャッハ研究会，2018）。思考・言語カテゴリーの大部分は，精神疾患に見られやすいものであり，事例の個別の特徴が明確に示されることが多く，臨床的に有用なものである。

理現象の反映と考えられる。平均初発反応時間は，12.0 秒と平均的であるが，図版 2, 6GF, 11, 20 では「難しい（2, 6GF, 11）」，「きたな〜（20）」と，TAT に対する戸惑いを表現した後にしばらく考

表 1　TAT の判断基準項目

	認知・思考面の特徴
うつ病 8 項目中 6 項目以上該当することを目安とする	①思考過程の制止 ②空想が遅く，途切れ途切れで断片的 ③未来を述べない物語 ④暗く沈んだ物語の結末 ⑤自殺の主題，抑うつ的な物語 ⑥物語が貧困 ⑦罪や道徳性についての典型的な妄想様思考，あるいは常同的な語句の固執が表現される ⑧テーマは固執的
躁病 3 項目中 2 項目以上該当することを目安とする	①情緒性に満ちた物語の中に劇的に没入する ②生き生きと拡張的に，あるいは微に入り細をうがつように叙述する ③食物やもろもろの物を獲得するテーマ，強い口愛的攻撃性表現

注：赤塚（2008）の精神病理学的診断基準を筆者が一部抽出・整理

表 2　TAT プロトコル

No	RT	TT	TAT STORY
1	15"	55"	えっと……この男の子はバイオリン？〈思った通りで良いですよ〉バイオリンの発表会があるんだけど，うまくできないので頭を抱えている。過去はうまくできない。未来は演奏会があるから今からどのような練習をしようかなって思っている。こんな感じで良い？今悩んでいるところ。
2	5"	1'50"	難しいんだよな（ロールシャッハ法と比べて）こっちのテストって。え……（25"）今は……この女の人は学校に行こうとしていて，木にもたれている人は物思いに耽っていて，馬の手綱を持っている男性は農作業をしようとしている。過去に戻ると家族で……未来は結局バラバラなことをしている。
3 BM	20"	55"	う〜んと……なんか夫と喧嘩をして泣き崩れている妻……が現実で……。過去は……，う〜ん……いさかいが多い夫婦。未来はうまくいかない。結局うまくいかない夫婦で，別れるみたいな感じになる。
4	8"	1'00"	今，男子が家から出て行こうとしているのを女性が，男性は旦那さん，女性は奥さんで，止めようとしている。過去はいさかいをしていて，未来は，でも……出て行くんだと思う。この男性は。……だから暗い結末です。

第 11 章　テスト・バッテリーの実際　181

5	18"	1'20"	う～んと……，この人は母親で娘が娘の部屋の中を開けたところで，娘が勉強していると思っていたらいなくて，どこに行ったのって顔をしていて，教育熱心な母親。過去はいつもは開けるとそこには娘がいて，勉強している姿があるんだけど，娘は……未来は出て……行ってしまっている。……そういう束縛から逃れていると思う。
6 GF	15"	1'30"	難しんですね。こっち（TAT）の方が。……（32"）女性の方が娘で疲れていて，ソファにもたれかかっていたところ。背後から父親が声をかけている。過去は何かに娘は疲れていて，ソファに座っている。未来は……う～ん……きっと父親と口論になる……きっと……という未来。
7 GF	5"	1'40"	さっきから同じようなストーリィだけど……やっぱりあの，女の子がお人形さんを持って遊んでいたんだけど，……その……何かまぁ……乳母がお母さんというより乳母が勉強しなきゃって教えているけど，そっぽを向いている。自分は人形遊びをしたい……で，だから女の子は過去には人形遊びをしていて，で，これは未来なく，なんかこう読み聞かせられるんだと思う。その……お勉強っていうか，本を読むことになる。読むのを聞くことになるということで。
8 GF	15"	1'15"	何か遠くの綺麗な景色を見ながら物思いに耽っているところで，過去は……悩み事がある。で，未来は……，悩み事はそう簡単には解決しないので，またこういうボ～とした人になると思う。たまには綺麗な景色をみて考えましょうって。考えましょうっていうより息抜きをしているのかもしれない。
9 GF	15"	1'20"	えっと……この前面にいる女性はメイドさん。下で走っているのがそこの家のお嬢さん。お嬢さんが逃げ出すところを発見した。う～ん……だから過去はこのお嬢さんが家に閉じこめられているような状態で，メイドさんは……お嬢さんの係の人。その悩みもわかるのでそのメイドさんはこのまま逃がしてやるのが未来。
10	20"	50"	う～んと……例えば……最愛の息子とか娘を亡くして嘆いている夫婦。過去は自慢の娘か息子で，幸せな家庭だった。未来は……結局亡くなったことで寂しい夫婦になる。ということで……。
11	10"	2'00"	なんか……難しい気がする。う～んと……（25"）これ（上）が蛇っていうか大蛇……猪（右）のような。猪じゃないな。バッファロー？みたいなものの対決の場面。過去は大渓谷か何かでそれぞれに暮らしていたんだけど，たまたまこの日は出会って，どっちかが食べ物にしようとしている。未来は……う～ん……こっちの蛇が勝つのかなって思う。……きっとこのバッファローの方は渓谷に落ちていく……と思います。
12 F	5"	1'40"	この女性の……天使の部分と悪魔の部分っていうのがあって。意地悪な考え方になっていて，後ろのお婆さんは悪魔の考えみたいな，今ささやきかけている。だんだん，この人は過去っていうか，いつもは常識人，負の部分も持っているし正の部分も持っているし，普通の人だけど，今ちょっと意地悪な考え方になっている。未来は……う～ん，たぶん，迷ってそれは成し遂げられない。悪い考えっていうのは結局，天使君とかが出てきてそっちの方の考え方に行くと思う。

13 MF	7"	1'02"	何か，このえっと男性が帰ってきたら女性が殺されていて，嘆いているところ。過去は……う～んと……仲の良いご夫婦で，未来は……う～ん……きっと……この人は酒に溺れたりする。悲しさがなかなか癒えない。癒されないって感じになる。
14	27"	1'55"	やっぱり，う～ん……なんか，暗闇。今，暗闇の中にいる人で，……外は朝ではなくて夜。月の光を見ている所で……。だから周りも暗いけど，電気もついてなくて，過去は……う～ん……なんか悩み事とかある人……たまたま今日の夜は真っ暗な所に月が出ているので眺めている。未来は……でも別に……う～ん……これを見て，あーあと思うべきで未来はそう変わらない……かな。難しいんですよね。これ。
15	5"	1'55"	え～何か，お墓の前にたたずんでいる女性。……だから誰かの墓参りかな……。過去は……う～ん……あまり関係の良い人が亡くなったわけじゃなくて，来ているんだけど，この人は怖い顔をしているんで，何か訴えに来ているのかな。未来は……う～ん……憎しみとかがあるのかもしれないし，それはずっと思っているところです。
16	3"	1'30"	真っ白か……，真っ白って……。で，今と過去と未来？……真っ白。あ～……真っ白ね……。あの，真っ白っていうかA4サイズの紙を見ていると職場のコピー機のあれを思い出す。私の隣にある。仕事の一環としてコピー機の真っ白な用紙を持ってきて，過去はコピーを取ったけどまた白紙出しちゃった。未来は，またコピーやり直しっていうので，良いですか？
17 GF	17"	2'10"	この日は太陽が出ているけど，女の人は飛び降り自殺しそうなくらい暗い。あ，天気は良くないっていうのが今で。下の働いている人はこのまま1日過ぎていく。この人は……過去は……この……女性は悩みがあると，今回も大きな橋の所を通りかかってポンと身を投げそうで覗いている。未来はまた歩いて行く。そういう飛び込みせずに。民族衣装風の人たちはいつもの仕事をしている。
18 GF	20"	55"	え～と……老夫婦。お年を召している夫婦で，旦那さんが倒れて……帰ってきたら，奥さんが気づいたら倒れていて，抱きかかえているところ。過去は2人で平凡な生活を送っていた。未来は奥さん，1人で生活することになる。
19	5"	1'50"	すごい抽象的。……う～んこれは何だろう……なんか，あの……日本の家じゃなくて，モンゴルとかの小屋みたいな，家の所に雪が積もっている。多少窓があって，中の様子が伺えるんだけど，天気が……悪いって言うか，悪い。過去は穏やかな時もあった……。未来は……こういう時期が長いんだと思う。雪が積もったりしている時期が長いのが未来。
20	5"	1'20"	きたな～……えっと……（25"）街灯の下にたたずむ男の人。帽子を被っている男の人。で，雪が降っている。誰かを待っているのが現在。過去は……，来ない女性。振られた彼女を最後で良いから来てくれって言って待っている。過去は恋人がいたけど，別れ話になって，未来は恋人が来ないという。

表3　TAT 判断基準項目についての検討

	認知・思考面の特徴	該当
うつ病 8項目中6項目以上該当することを目安とする	①思考過程の制止	○
	②空想が遅く，途切れ途切れで断片的	○
	③未来を述べない物語	×
	④暗く沈んだ物語の結末	○
	⑤自殺の主題，抑うつ的な物語	○
	⑥物語が貧困	×
	⑦罪や道徳性についての典型的な妄想様思考，あるいは常同的な語句の固執が表現される	×
	⑧テーマは固執的	○
	該当項目数	5
躁病 3項目中2項目以上該当することを目安とする	①情緒性に満ちた物語の中に劇的に没入する	×
	②生き生きと拡張的に，あるいは微に入り細をうがつように叙述する	×
	③食物やもろもろの物を獲得するテーマ，強い口愛的攻撃性表現	○
	該当項目数	1

(3) TAT

　使用図版は M-TAT である。表2に TAT プロトコルを提示する。このプロトコルから表1に示したような，病理・病態のアセスメントに繋がる特徴が見られるかどうかをどのように判断しているかを示すこととしよう。

　この TAT が表1に示したうつ病や躁病の TAT の判断基準項目にどの程度一致するかを表3に示す。

うつ病の TAT 判断基準に該当するか否かの検討

　一致する項目は，①思考過程の制止，②空想が遅く途切れ途切れで断片的，④暗く沈んだ物語の結末，⑤自殺の主題・抑うつ的な物語，⑧テーマは固執的の5項目である。

　①思考過程の制止，②空想が遅く途切れ途切れで断片的

　全20枚の TAT プロトコルを見ると，図版4，12F，18GF を除いた残りの図版の TAT ストーリィはいずれもためらいながら，途切れがちに作られている。これは思考過程の遅延，制止と言われる病

え込んでいる。図版 2，11，20 では 25 秒，6GF では 32 秒というように，ストーリィを語り始めるのは図版を提示してから一定時間を経過した後であることを考えると，図版によっては空想が遅れがちとなっている。

④暗く沈んだ物語の結末

「未来は結局バラバラなことをしている (2)」，「暗い結末 (4)」，「寂しい夫婦になる (10)」，「渓谷に落ちていく (11)」，「悲しさがなかなか癒えない (13MF)」，「別れ話になって，未来は恋人が来ない (20)」など，物語の終わり方はポジティブな明るい結末ではなく，暗くネガティブな方向性を持ったものである。また，「夫婦→うまく行かない夫婦で別れる (3BM)」，「老夫婦→未来は奥さん1人で生活することになる (18GF)」というストーリィは，幸福と不幸を対比させて不幸な結末が叙述されており，強い抑うつ気分がうかがえる。

⑤自殺の主題，抑うつ的な物語

図版 17GF では「女の人は飛び降り自殺をしそうなくらい暗い……（中略）……今回も大きな橋の所を通りかかってポンと身を投げれそうで覗いている」という自殺をテーマにした物語が語られる。また，「バイオリンの発表会があるんだけどうまくできないので頭を抱えている。過去はうまくできない (1)」，「うまくいかない夫婦で別れる (3BM)」，「女性の方が娘で疲れていて (6GF)」，「最愛の息子とか娘を亡くして嘆いている夫婦 (10)」，「バッファローの方は渓谷に落ちて行く (11)」，「酒に溺れたりする (13MF)」，「悩み事とかある人 (14)」，「別れ話になって (20)」などと，抑うつ感が漂うストーリィが多い。

⑧テーマは固執的

図版 6GF「口論になる」，図版 8GF「過去は悩み事がある→息抜きをしている」，図版 12F「意地悪な考え方になっている→迷ってそ

れは成し遂げられない」というストーリィを除き，残りの14枚の
TATストーリィは，悩み（1），人間関係や愛の破滅，不幸，悲し
み（2，3BM，4，9GF，10，13MF，18GF，20），不快（7GF），破滅
や破壊（11），陰気，元気のない暗い調子（14，16，19），憎しみ
（15），死（17GF）といったネガティブな内容のストーリィが繰り返
し語られている。

　一致しない項目は，③未来を述べない物語，⑥物語が貧困，⑦罪
や道徳性についての典型的な妄想様思考，あるいは常同的な語句の
固執が表現されるという3項目である。
　③未来を述べない物語，⑦罪や道徳性についての典型的な妄想様
思考，あるいは常同的な語句の固執が表現される。
　全ての図版において，未来は語られている。また，罪や道徳性に
ついての典型的な妄想様思考は見られず，同じフレーズが固執的に
表現されるような特徴は見られない。

　⑥物語が貧困
　この項目については，次のような理由により基準には該当しない
ものの，エネルギーが低下した心性を反映していると考えられる。
いずれの図版においても，TATストーリィは図版刺激の絵柄を超
えない範囲での描写である。坪内順子（1984）はTAT図版に対し，
誰もが認知し物語に取り入れ，物語の主要な筋や主題を作るのに用
いる絵の主要部分やその図版に生じやすい反応を標準反応として図
版ごとに設定しているが，本事例のTATストーリィは，坪内順子
（1984）が指摘するような絵柄の主要部分の認知，標準反応である。
現在－過去－未来に沿って物語が語られていることからも，物語が
貧困とまでは言えないものである。かといって，創造性が豊かな物
語とも言えないものである。
　このようなTAT特徴からは，強い抑うつ感の存在が推測される
が，表1のうつ病の判断基準に一致するTAT特徴は5項目であり，
うつ病のTATとは言えない結果である。

186　第11章　テスト・バッテリーの実際

躁病の TAT 判断基準に該当するか否かの検討

　図版 6GF「父親と口論になる」，図版 11「どっちかが食べ物にしようとしている」というストーリィに見られるように，③強い口愛的攻撃性表現の項目に一致する表現やある種の力強いエネルギーが感じられる描写がなされている。この特徴のみに注目すれば，躁方向の病態の可能性も完全には否定できない。しかし，その他の躁病の TAT の判断基準の項目にあるような，①情緒性に満ちた物語の中に劇的に没入する，②生き生きと拡張的に，あるいは微に入り細をうがつように叙述する，という項目に該当するような TAT 特徴は見られない。どの TAT 物語を見ても情緒性に満ちた豊かな物語や生き生きとした拡張的な叙述は全く見られない。図版 6GF や 11 の TAT ストーリィに見られるように，物語の一部にエネルギーを感じさせるが，それらの図版を除けばその他は抑うつ的な物語が中心であり，躁病の可能性は否定できる。

　TAT 物語の全般的特徴は，図版刺激により引き出された範囲内のストーリィであり，知覚の歪曲や図版から著しく離れた奇妙な物語，妄想を伴った物語，支離滅裂な陳述は見られない。ストーリィ全体は抑うつ気分を強く漂わせているため，うつ病相を中心とした病態と捉えるべきであり，躁病や統合失調症の可能性は否定ができる。しかし，一部にはある種の力強いエネルギーを感じさせる TAT ストーリィも見られ，単極性うつ病〈大うつ病性障害〉の典型とは考えられない。

(4) ロールシャッハ法
形式分析を中心とした検討

　実施方法は名大式技法に準拠している。形式分析の結果は表 4 の通りである。

　平均初発反応時間 26.9 秒（無彩色 25.2 秒，彩色 28.6 秒）はやや遅い傾向にあり，反応総数 R=14 はどちらかと言えば少ない。体験型は M：ΣC=1：1 の両貧型で，運動反応としては M＝1 が見られるのみで，FM=0，m＝0 である。これらのことからエネルギーに乏し

く，精神内界の動きは活発でないと言える。

　反応領域は W％＝35.7％，D％＝42.9％，Dd％＝21.4％で，D 領域と Dd 領域で反応する割合は 64.3％であり，W 領域以外での反応が多い。ブロット全体を統合することが困難になっていると考えられる。異常部分反応（Dd 反応）は，名大式技法で健常者の平均値が4〜5％とされていることからすると，2割を超える産出割合は多いと言える。また，そのすべての反応がブロットの分割の仕方が独特で稀にしか見られない dr 反応であることを考えると，独断的なものの見方をしやすい傾向を表している。R＋％＝35.7％，F＋％＝40.0％から，主観的現実認知が目立ち，情意の混乱，知覚の明確さ正確さを欠く傾向が考えられる。FC=2，FC' ＋C' F=4 であり，色彩よりも無彩色への反応性が高く，抑うつ気分が示唆される。shading 反応にスコアした反応はすべて vista 反応（21.4％）であり，自己と他者との間の心理的距離に敏感で，他人や外界の危険性に対しての不安感を示していると考えられる。コンテント・レンジは，C. R=8 であるが，思考内容の貧困さを表す程度のものではない。H％は 42.9％，A％は 50.0％であり，他者への過敏性や未熟なあり方の反映であると考えられる。

　感情カテゴリーでは，不安感情（46.2％）と敵意感情（15.4％）が目立つ。中性感情は 14.3％（健常者の平均 40 〜 50％）で，少ない数値を示している。4割を越す不安感情に注目すると，脅威反応（Athr）が 30.8％と最も多い。これは，外界の脅威に対する不安感が高いことを示唆していると考えられる。

　ロールシャッハ法における抑うつの指標として，反応数の少なさ，両貧型の体験型，萎縮・沈滞した様子を反映したプロフィールといった特徴が知られているが，本事例のロールシャッハ反応もそれを支持するものである。しかし，F％の低さ（35.7％），F ＋の低さ（40.0％），異常部分（Dd）反応の多さは，うつ病に関しての従来の研究データ（片口，1987；高橋・北村，1981）を否定するものである。抑うつ傾向はあるものの，単極性うつ病〈大うつ病性障害〉と断定することはできない。

表4　ロールシャッハ法の形式分析結果

ロールシャッハ指標	平均範囲	事例
Response	20 ～ 45	14
Turning %		64.3%
Av. T/1R	30 秒以内	26.9″
Av.T/ach		25.2″
Av.T/ch		28.6″
W%	41	35.7
D%	49	42.9
Dd%	4 ～ 5	21.4
F%	40 ～ 60	35.7
F+%	80 ～ 90	40.0%
R+%		35.7%
W：M	2:1（M は 2 ～ 5 個）	5:01
M：FM		1:00
M：Σ C		1:01
FC：CF+C		2:00
shading		3
Content Range	10 前後	8
A%	30 前後	50.0%
H%	12 ～ 16 程度	42.9%
P	5 以上	5
〈感情カテゴリー〉		
Hostility%		15.4%
Anxiety%		46.2%
Bodily Preoccupation%		0%
Total Unpleasant%		61.6%
Dependency%		0%
Positive Feeling%		30.8%
Miscellaneous%		7.7%
Neutral%	40 ～ 50	14.3%

注：平均範囲については，名大式技法の解説書に記載されているものを記載している

思考・言語カテゴリーを中心とした検討

　ロールシャッハ法のプロトコルは表5の通りである。

　思考・言語カテゴリーには大きく3つの特徴がある。第1に，反応段階での反応が質疑段階になるとさまざまに変化していく特徴が見られている。図版Ⅱの「肺と骨盤，心臓」という反応が質疑段階では「カニの頭」へ，図版Ⅵの「花」が「キウイ」というように，反応段階での基本的知覚がまったく別の概念に変わってしまうchanged response がある。また，図版Ⅳの D1 領域に「馬面のコウ

第11章　テスト・バッテリーの実際　189

表5　ロールシャッハ法のプロトコル

No	Time Position	Response	Scoring
Ⅰ	25" ∧ 1'01"	①チョウチョ。崩れかけていて黒いから死骸のような感じですね。	W, FC' +, A/, P, Agl, definiteness
Ⅱ	30" ∨ 40"	②人間の肺と骨盤，心臓。〈inquiry〉今はどう見てもカニの頭にしか見えない。	D4, F −, Ad, Mi, changed response
Ⅲ	8" ∧ 45" ∨ 1'20"	③人間が向かい合わせで，ゲームでもしてる。赤はちょっとわかんないけど。 ④虫の口，爪のある手，足っていうのかな。虫に見える。	D1 + 1 + 6B, Mp +, H Toy, P, Prec, D3, F −, A, Hh,
Ⅳ	32" ∨ 1'05" ∨ 1'30"	⑤馬面のコウモリ。〈inquiry〉竜なのか馬なのか。竜かな。（竜と見た一部に対し）犬がいて，黒猫がいる。口で目で鼻で体で，2匹いて尻尾もある。 ⑥気持ち悪い。〈inquiry〉呪縛霊。1·2·3·4·5顔だけ写真でうっすら写っている。この辺に浮いて出ている。	D1, FC' −, Ad/ A, Athr, secondary addition arbitrary response Dd (dr), C' F −, Hd/, Athr, arbitrary response
Ⅴ	32" ∧ 1'00"	⑦顔の感じと羽が長いからコウモリのよう。	W, F+, A, P, N,
Ⅵ	30" ∧ 1'05"	⑧中まで見えているから，花の咲いた所を縦割りにした図。〈inquiry〉キウイの実。白くてキウイを輪切りにした形。どんどん見ているとどんどん変なものに見えてきますね。	Dd (dr), FC' −, Fd, Por, Hsm, changed response
Ⅶ	7" ∧ 1'05"	⑨鏡に左右対称に女の人の顔が映っている。〈inquiry〉その下にもグロテスクな顔があるように見える。虫歯菌みたいなのがいて，顔が猿みたい。	D1 + 1, FV −, Hd Hd/, Afant, symmetry remark fluid

Ⅷ	20″ ∨	⑩花。色鮮やかに咲いた所。紫の花，グリーンは葉。	W，FC+，Flo，P，Pnat，
	55″ ∨	⑪嫌なところ見ていくと心霊写真。顔が3人。薄っすらと目と鼻と顔。	Dd（dr），F−，Hd/，Athr，arbitrary response
	1′05″ ∨ 1′30″	⑫鼻の長いありくい虫が左右で2匹いるよう。〈inquiry〉イタチにも見える。	D1＋1，F+，A，P，N，modified response
Ⅸ	25″ ∨ 1′20″	⑬老婆が台車を押しながら，背景には花。それが湖面に映っている。色は綺麗だけど良い感じは受けない。	W，FV FC−，H Nat Imp，Pnat，overdefiniteness
Ⅹ	1′00″ ∨ 1′55″	⑭女の人で後は模様。漫画に主人公の気持ちを背景に描くのがあるじゃないですか。不安の要素が散りばめられているような図柄。変な物が周りにいっぱいある。一人の人が鏡に映っている。	W，FV−，H A/ Cg，Athr，overdefiniteness

モリ」と反応するが，質疑段階では「竜かな」と変化し，さらに「竜」と反応した領域の中の一部に対して「犬がいて黒猫がいる」とさらに反応が変わっていく。つまり質疑に際して近接の領域をも包摂し，そこに新しい概念が加味され，反応内容が次第に変わっていく secondary addition が見られる。さらに，図版Ⅷの「ありくい虫」が「イタチ」へと，反応段階での基本的知覚や概念は同一であるものの，修飾したり限定する際に変わっていく modified response がある。これらは自己不全感に基づくものであり，人格の浮動性の反映，ego boundary の不安定さ・曖昧さに通じるものであると考えられ，統合失調症圏の病態が疑われる可能性も否定しきれないようなあり方である。

　第2に，図版Ⅳの「犬がいて黒猫がいる」，「呪縛霊」という反応や図版Ⅷの「心霊写真」のように，容易にゲシュタルトを作れない領域から恣意的な反応を作り出す arbitrary response が見られる。これは，名大法の思考・言語カテゴリーでは ARBITRARY THINKING（恣意的思考）のカテゴリーに該当し，ブロットの特徴

という枠組みにとらわれないで自由に考えつく反応である。現実吟味が崩れかかっており，ブロットとの距離の喪失を意味し，病的なものである。

第3に，図版Ⅰでは「崩れかけていて黒いから死骸のよう」というように，特殊な限定づけがなされた definiteness が見られ，図版Ⅸの「老婆が台車を押しながら背景には花。それが湖面に映っている」という反応や図版Ⅹの「不安の要素が散りばめられているような図柄」という反応は，definiteness 以上に反応内容の性質や状況を限定づけようとする overdefiniteness である。これらはいずれもFABULIZATION RESPONSE（作話的反応）に相当する反応である。また，図版Ⅰの「死骸」という反応からは悲哀感が，図版Ⅹの「不安の要素が散りばめられている」という反応からは，情緒が思考内容を支配しており，自身が抱いている不安感や不確実感の強さが示唆される。馬場禮子（1997）は，境界性パーソナリティ障害者に現われる逸脱言語表現として，過剰な情緒的意味づけや主観的すぎる説明を特質とする作話傾向を取り上げ，「観察や判断の過程（二次過程）が，欲動や感情で色づけられすぎて，客観性を失う（一次過程思考）」としているが，これと同じ意味合いを持つものと考えられる。

(5) TAT，ロールシャッハ法，それぞれの双極Ⅱ型障害の特徴
TAT
①暗く沈んだ調子の物語の結末，自殺のテーマ，暗く沈んだ陰うつな物語，幸福と不幸を対比したストーリィなどが見られ，全体に抑うつ気分が強く漂う物語である。
②ストーリィの流れは，思考過程の制止，連想の遅さなどを反映して休止（pause）が多く断片的である。しかし物語の内容は，うつ病の TAT 特徴として指摘されているような貧困というほどにはならない。
③物語の一部には，「口論になる」「食い物にしようとしている」「言い争い」などの口愛的攻撃性の表現の強いエネルギーを感じ

させるストーリィもある。しかし，その他の多くの図版で同様の
ストーリィは見られず，躁病の TAT 基準に一致はせず，躁病と
判断できるものではない。

④ロールシャッハ法上に現れているような図版刺激からひどく離れ
たり，距離をなくした過剰な投映や主観的意味づけ，病的と思わ
れる作話，妄想的ストーリィ，知覚の歪曲は見られない。

⑤ストーリィは全体的に，軽く抑うつ的なものであり，躁病や境界
性パーソナリティ障害，統合失調症などとは，全く考えられない
結果を示す。

ロールシャッハ法

①平均初発反応時間のは26.9秒は，遅延という程ではないが，一般
的にはやや遅い。

② R ＋ ％＝35.7％，F ＋ ％＝40.0％と低い数値を示しており，知覚
の明確さや正確さ，客観性を欠く主観的現実認知をしやすい。

③ F％＝35.7％とブロットの形態以外の特性に感受性を示すと言え
る。

④ C. R. ＝8，A％＝50.0％で，思考の貧困さを示すほどではないが，
A％が高いことから興味の幅はそれほど広くない。

⑤名大式の感情カテゴリーにおいて，敵意感情，不安感情といった
不快な感情を伴った反応（Total Unpleasant％）を生じやすく，
61.6％となっている。反対に感情的に中性とされる Neutral％は
14.3％であり，平均範囲が 40 ～ 50％であることからすると少な
い。

⑥思考・言語スタイル面の検討からは，FABULIZATION RE-
SPONSE（作話的反応），ARBITRARY THINKING（恣意的思考），
のカテゴリーに該当する反応が多く，主観的，作話的，恣意的な
反応が目立つ。

⑦上述した①～⑥のロールシャッハ法の特徴からは，主訴に繋がる
うつ，あるいは抑うつとは考えられない。やや遅い傾向にある初
発反応時間，高い A％と広くないコンテント・レンジなど，従来

第 11 章　テスト・バッテリーの実際　193

のうつ病のロールシャッハ反応に一致した特徴はいくつか見られているが，客観性を欠く主観的認知，作話的反応，恣意的反応からは，統合失調症圏や境界性パーソナリティ障害圏の病理・病態を否定できないような結果を示す。

(6) TAT，ロールシャッハ法のバッテリーで捉える双極Ⅱ型障害の病態像

TAT では，ストーリィ全般にエネルギーが低下した抑うつ気分が漂っており，うつ病相を中心とした病態と考えるべきであるが，うつ病の典型的な TAT ではない。TAT ストーリィの一部には，ある種のエネルギーを感じさせる物語も見られるものの，躁病の TAT に見られるほどのエネルギー水準を持った反応ではなく，躁病の TAT とも異なっている。また，TAT では絵柄の主要部分を認知し，図版刺激の絵柄を超えない範囲でのストーリィ描写であり，知覚の歪曲や図版から離れた妄想的な物語，作話的物語は見られない。

それに対して，ロールシャッハ法では，主訴に関係した抑うつを示唆するような，従来のうつ病のロールシャッハ法の特徴に十分に一致した反応は見られない。従来のうつ病者のロールシャッハ法とは異なり，低い形態水準や主観的認知，作話的反応，恣意的反応が見られ，統合失調症圏や境界性パーソナリティ障害圏の病理・病態を否定できないと考えられるような結果を示す。

このように，ロールシャッハ法，TAT に投映される病理・病態像の特徴に注目すると，ロールシャッハ法においては，主観的認知，作話的反応，恣意的思考という統合失調症圏，境界性パーソナリティ障害圏の可能性を否定できないほどの病理的特徴が見られる。しかし TAT には，図版刺激から離れた過剰な投映，主観的意味づけ，病的な作話，逸脱した認知・思考を伴う物語など，ロールシャッハ法に示されたような方向の病理性を示唆する特徴は見られない。つまり TAT は，気分障害の範疇の特徴を緩やかに捉えるのに対し，ロールシャッハ法では，気分障害群の病理，病態よりも重い病態で

あると推測される。この2つの投映法上に投映される病態像に違いがあるということに注目することで，この特徴を双極Ⅱ型障害のアセスメントに利用できる可能性があると考えられる。

このような特徴が生じるのは，それぞれの投映法検査がパーソナリティのどの水準・局面を捉えているのかという問題と双極Ⅱ型障害の軽躁の絡みにおいて初めて出現するものではないかと考えられる。双極Ⅱ型障害の病理の中心をなす軽躁は，ロールシャッハ法上には繊細に影響を与え，統合失調症圏，あるいは，境界性パーソナリティ障害の可能性を否定できないほどの歪みを出現させる。しかしそれは，本質的に統合失調症や境界性パーソナリティ障害による歪みとは異なる次元のものであるため，TAT上には投映されない。つまり，ロールシャッハ図版では現実規定枠が少ないため，容易に主観的・作話的認知になってしまうが，現実的規定性を強く持つTATでは，その枠を超えてしまわない程度の反応になると考えられる。つまり，TATは，双極Ⅱ型障害の軽躁にはそれほど敏感に反応しないとも推測される。

このような背景状況の中で，TATとロールシャッハ法に投映される病態像が異なると考えられるため，TAT，あるいはロールシャッハ法単体では同定が難しい双極Ⅱ型障害の「軽躁」のアセスメントが，これら2つの投映法でバッテリーを組むことによって可能になると考えられる。

文献

American Psychiatric Association (1994) Diagnostic and Statistical Manual of Mental Disorders, Fourth Edition. Washington, D. C.; American Psychiatric Publishing ／高橋三郎・大野裕・染矢俊幸訳 (1996)「DSM-Ⅳ　精神疾患の診断・統計マニュアル」医学書院

American Psychiatric Association (2013) Diagnostic and Statistical Manual of Mental Disorders, Fifth edition. Arlington; American Psychiatric Publishing ／高橋三郎・大野裕監訳, 染矢俊幸・神庭重信・尾崎紀夫・三村將・村井俊哉訳 (2014)「DSM-5　精神疾患の診断・統計マニュアル」医学書院

馬場禮子（1997）「改訂　境界例　ロールシャッハテストと心理療法」岩崎学術出版社

Frances, A（2013）Saving Normal. London; Conville & Walsh ／大野裕監修，青木創訳（2013）「〈正常〉を救え―精神医学を混乱させるDSM-5 への警告」講談社

細木照敏（1967）テスト・バッテリー／井村恒郎監修「臨床心理検査法第 2 版」医学書院

片口安史（1987）「改訂　新・心理診断法　ロールシャッハ・テストの解説と研究」金子書房

名古屋ロールシャッハ研究会編（2018）「ロールシャッハ法解説　名古屋大学式技法」金子書房

高橋雅春・北村依子（1981）「ロールシャッハ診断法 II」サイエンス社

坪内順子（1984）「TAT アナリシス」垣内出版

滝沢清人（1985）TAT の臨床／「精神科 MOOK 10 心理検査法」金原出版

内海健（2013）「双極 II 型障害という病　改訂版　うつ病新時代」勉誠出版

なお，第 8 章〜 10 章までは筆者のこれまでの研究成果をまとめ，学位論文として提出した内容の一部に加筆修正をしたものである。元となる論文は本書末尾に記載した。

あとがき

やっと，TAT の専門書の出版にこぎつけました。いろいろな思いが湧き上がります。

最初に私の本の中で，TAT に触れたのは，1996 年の『心理臨床アセスメント入門』（培風館）の中でした。その後，Stein, MI の"The Thematic Apperception Test" を訳したいと出版社に相談していた時，「自分で書いたら」と言われて，出来上がったのが『TAT 解釈論入門講義』（2008 年，培風館）でした。大学で多忙な時期だったので，この仕事には 10 年近くの時間がかかってしまいました。この本は，私の TAT 論の足場となったもので，この『解釈論入門講義』の教科書を使って，非常勤先の大学で，お願いして通年開講にしてもらった TAT の講義を担当しながら，私は教科書の余白に講義をしながら考えたこと，理論修正したいと思ったこと等の書き込みをしていきました。

まだ，教科書を使わないで手作りの資料のみで TAT の授業をやっていた頃，学部 3 年生対象の授業であったにもかかわらず，毎年数人の大学院生が受講に来ていました。その大学院生たちは，投映法の勉強にとても熱心で，車で 30 分くらいかかる私の大学の研究室まで隔週の頻度で夕方以降に，勉強に通って来ていました。このような大学院生たちは，トータルで 50 人を超えるだろうと思います。みんなエネルギーに溢れており，私はこの大学院生たちに刺激されて今までやってこれたのだと思う時があります。今もこの時の大学院生の中の 10 人くらいとは，ほぼ毎月のように事例検討会を継続しています。

そういう元大学院生の中の一人に，精神科クリニックで担当している症例の相談に，皮革のライダーズジャケットをまとい，イタリア製の赤い大型バイクに乗ってやってくる女性がいました。それが

今回の共著者，山梨英和大学の土屋マチさんでした。土屋さんが相談のために書いてくるレポートは，「今回は患者さんの何について相談したいのか，自分ではどのように考えてこのように対処しているけれど……という前提から始まって，ある治療セッションにおける言語的やり取り，その時の患者さんの様子，さらに自分が治療中に考えたこと，患者さんの退室後に残った印象と考えたこと」等が極めてしっかりとびっしり書かれていた。これは今でも，とても印象に残っている。

その後，土屋さんは大学院博士・後期課程に進学し，Rorschach法とTATをtest batteryにすることを通して双極II型障害の特徴である「軽躁」をきめ細かく捉えるという挑戦的な研究で学位を取得しました。赤い大型バイクに乗って持ってきた「非常に丁寧な臨床レポート」を思わせる分析方法で「軽躁の病理」を捉えたものでした。その一部が本書に収められております。こういう入門levelを超えた内容を，本書に盛り込むことができました。そういう意味では，本書は超入門から超応用までの深みをもっていると考えています。

最後に，遠見書房社長の山内俊介さんには，こういう出版状況の超厳しい中で，多くの出版社が手を出したくないTAT本の出版を引き受けていただきました。3人でお酒を酌み交わしながら「なぜですか」と訊いたのですが，なぜ話に乗っていただけたのか曖昧なまま，予定から少し遅れましたが，一通り原稿作成を終えました。山内さんからの「第0章があるといい」とのadviceを受け，0章を書いたら，本全体が生きてきました。「あとがき」を1,200字くらいで書いてくださいと言われ，「あとがき」を書き，山内さんの温かさをしみじみと感じ入っているところです。私たちは，山内さんとの出会いを心から感謝しております。

2019年4月の終わり頃　著者を代表して　**赤塚大樹**

索　引

英語

Alexithymia（失感情症）111
Card 1　62
Card 2　64
Card 3BM　65
Card 3GF　67
Card 4　67
Card 5　69
Card 6BM　70
Card 6GF　71
Card 7BM　71
Card 7GF　72
Card 8BM　73
Card 8GF　73
Card 9BM　74
Card 9GF　75
Card 10　75
Card 11　76
Card 12BG　79
Card 12F　79
Card 12M　78
Card 13B　81, 82
Card 13MF　80
Card 14　82
Card 15　83
Card 16　84
Card 17BM　84
Card 17GF　85
Card 18BM　86
Card 18GF　86
Card 19　87
Card 20　88
card pull　32
DSM-5　18, 175, 176, 195, 196
DSM-Ⅳ　175, 179, 195
ego boundary の不安定さ・曖昧さ　191
gender identity　76
identity crisis　78
MMPI（ミネソタ多面的人格目録）163

MPI（モーズレイ性格検査）164
sexual card →セクシャル図版
SCT　19, 28, 164, 165, 167-171
stimulus pull　32
stimulus value of the TAT　32
TAT・CAT　164
TAT；Full―　11, 31, 32；基本―セット
　31, 65；―における質疑の4原則
　51；―の教示　49；病態診断に役立つ
　―の基準　178；フィードバック―
　156, 157, 161；方法としての―　24
YG 検査（矢田部・ギルフォード性格検
　査）164

あ行

アイテム分析　124, 125
愛と結婚関係の次元　121
愛の関係　120
赤塚大樹　26, 35, 36, 39, 51, 60, 120, 125,
　162, 171, 172, 180, 181
安香宏　39, 83, 89, 90, 173
アブラハム（Abraham, K）118
アルコール依存　86
アレキサンダー（Alexisander, F）29
異性関係の成熟性　80
異性・恋愛・夫婦関係　120, 142, 144, 157,
　159
逸脱言語表現　192
一般的対人関係　121, 142, 146, 147, 157,
　159
岩脇三良　167, 173
インフォームド・コンセント　13, 59, 60
ウェクスラー・ベルビュー・スケール　28
氏原寛　163, 172-174
打消し　16, 101
内田・クレペリン精神作業検査　164
ウッド（Wood, JM）167, 174
うつ病　104, 105, 114, 171, 175-177, 179-181,
　184, 186-188, 192, 194, 196；―のTAT

判断基準 184；大—性障害 176, 187, 188；単極性— 176, 187, 188

エクスナー（Exner, JE） 20

エス 74, 116, 117, 122, 137, 149, 153

エディパルな関係 70, 71, 144

エディプス；—葛藤 139；—期 118；—的対象関係 117

老いに対する不安・恐怖 83

小川俊樹 37, 39

置き換え 16, 24, 28, 83, 98, 141

小此木啓吾 16, 22, 39, 61, 95, 102, 118, 126, 169, 173

オノマトペ 109, 115

親への反抗，抵抗 70

か行

解釈・構造化 120

外傷的体験 94

外部に向けた攻撃性 66

解離 17, 93, 94

隔離 95, 98, 101, 107, 125

家族関係 32, 64, 116, 120, 142, 143, 146, 157, 159

片口安史 165, 166, 172, 173, 196

片口法 20

形見のバイオリン 63

語らせ過ぎることの侵襲性 55

カタリーナの症例 43, 44

価値下げ 117

家庭内の不安感，緊張感 131, 142

家庭内の不安や葛藤 76

金沢吉展 58, 61

画面外の人物 63, 107, 128

河合隼雄 40, 61

監視・干渉のテーマ 69

感情カテゴリー 21, 25, 188, 189, 193

感情統制の悪さ 88

感情の流れの連鎖 119

鑑別診断 21, 118, 176, 177

気分安定薬 179

気分障害 175, 194

基本的信頼関係 87

木村駿 111, 112, 114, 125

境界性パーソナリティ障害 91, 106, 192

境界例の夢 97

強迫傾向 65, 70

強迫神経症 107, 108, 109, 118

去勢不安 64

口直し図版 80

クリーシェ（ありきたりの反応） 95, 123

クリス（Kris, E） 74, 90, 176

クレイマー（Cramer, P） 32, 33, 35, 91, 96, 101, 111, 112

クレペリン（Kraepelin, E） 20, 164

黒い太陽 86

クロッパー（Klopfer, B） 20

継起分析 119, 173

軽躁 20, 175, 176, 179, 180, 195；—エピソード 180；—状態 176, 179, 180；—病エピソードの診断基準 175

権威像との関係性 72

健康なる退行 74, 135

検査者と被検査者の関係 84

原始的（一次的）防衛機制 16, 91

原始的構造（境界例的人格構造）レベル 97

原始的な衝動性 100

原始的防衛（境界例的人格構造）レベル 99

口愛期 112, 118

口愛サディズム期 118

抗うつ薬 179

攻撃性・敵意 83

構造化面接 168

肛門期 118

肛門サディズム期 118

コーチン（Korchin, SJ） 37, 39

心の安全装置 100

固執性 65, 118

小谷英文 38, 39

固着（点） 70, 118, 119

孤独感 83, 88

さ行

罪悪感 81, 83, 95, 105, 116, 117, 121

猜疑心の強い人 75

再構成の仕事 38, 39

作業同盟 37

佐野勝男 19, 22, 167, 168, 173

ジェンキンス（Jenkins, SR） 25, 26

自我 37, 66, 74, 77, 81, 97, 99, 116-118, 123, 125, 137, 148-150, 173；—を助ける適

索　引　201

応的退行　74
時間的見通し　67, 132
自己愛性パーソナリティ障害　106
思考の論理性　122
思考過程の制止　181, 184, 192
思考・言語カテゴリー　180, 189, 191
自己顕示性　85
事後性　43, 44
仕事・職業　120, 121, 142, 147, 157, 159
自己；—についての物語　40, 41；—防衛
　　の表現　68；—物語　41
自殺願望　66, 82
自殺念慮　66, 79, 82, 85
自殺の主題，抑うつ的な物語　181, 184,
　　185
質疑　14, 22, 32, 51-54, 128, 180, 189, 191；
　　TAT における—の 4 原則　51；最終
　　—　53, 54；シュタインの—　52；ト
　　ムキンスの—　53；マレーの—　54；
　　ラパポートの—　51
死に対する不安　83
自分の内に向けた攻撃性　66
姉妹葛藤　75, 135
シャハテル（Schachtel, EG）　47, 48, 49,
　　61
主観的・作話的認知　195
シュタイン（Stein, MI）　28, 31, 35, 47-49,
　　52-54, 61, 72, 75, 78, 81, 86, 90, 113,
　　126, 170, 171, 173, 174, 178；—の質疑
　　52
シュナイドマン（Shneidman, ES）　31, 35,
　　164, 165, 167, 173, 178；—の図式　165
シュレジンガー（Schlesinger, HJ）　37
象徴的な性反応　64
支離滅裂な陳述　103, 187
白い図版　31, 84
人格・行動特性　122, 142, 147, 157, 159
人格の浮動性の反映　191
神経症水準　16, 17, 97, 117, 122, 149, 177；
　　—の病態　16, 17, 97, 117, 149
神経症の防衛機制　16
神経衰弱　18, 110
心理臨床アセスメント　9, 23, 36, 39, 125,
　　151, 153, 154, 162, 163, 167-169, 171,
　　172, 174, 177；—の目的　163
心理的離乳　76

心理療法への適応性　77, 78, 123, 142, 149,
　　155
推理の学　38
スーパーヴァイザー　13, 18
スコアリング・システム　25, 26
鈴木寿治　117
鈴木睦夫　26, 35, 50, 61, 67, 90
ストーリィのテーマの流れ　119
図版のテーマ　116
スプリッティング　93, 94, 107, 117
性衝動　78-81, 83
精神病水準　16, 17, 97, 99, 118, 122, 149；
　　—の病態　16, 17, 118
精神病理学　15-17, 20, 22-24, 28, 35, 103,
　　126, 163, 171, 180, 181
精神分析；—学的精神病理図式　118；—
　　的枠組み　116
性；—の拒否　80；—の次元　121；—へ
　　の態度・成熟性　121, 142, 146, 157,
　　159
性的；—攻撃　77；—成熟度　121
性的虐待　107
セクシュアル図版（sexual card）　67, 71
セクシュアルな関係の回避　71
摂食障害　107
前エディプス期　117
潜在性同性愛　66
千輪浩　168, 173
双極 II 型障害　20, 21, 105, 106, 112, 175,
　　176, 178, 179, 192, 194-196
躁病　105, 175, 176, 180, 181, 184, 187, 193,
　　194
空井健三　61, 171, 172, 173

た行
体験されている世界　41
退行　65, 74, 98, 118, 125, 134, 135, 148,
　　169, 173；健康なる—　74, 135；自我
　　を助ける適応的—　74；病的な—
　　74；リビドーの—　118
滝沢清人　178, 196
鑪幹八郎　16, 22, 97, 102
男根期　118
タンセンガー（Tonsager, ME）　152, 161
知覚の歪曲　83, 106, 187, 193, 194
父親イメージ　71, 72, 79, 128

父 - 娘関係 71
超自我 66, 81, 116, 117, 122, 125, 129, 139, 141, 148, 149；―機能 81, 117, 139, 148, 149
治療者に対しての語り手の構え 78
土屋マチ 20, 21, 112
坪内順子 62, 76, 77, 89, 90, 186, 196
敵意・攻撃性 73, 76, 80
テスト・バッテリー 19-21, 37, 39, 112, 163-173, 175, 177, 196
同 一 視 16, 85, 91-93, 96, 107-109, 117, 124；投影性― 16, 91-93, 107, 117
投影 16, 81, 85, 91-93, 96, 107, 114, 117, 166, 167, 169, 171-173
投映水準 166, 167
統合失調症 55, 64, 89, 103, 104, 118, 177, 187, 191, 193-195；妄想型― 104
同性愛的感情 75
戸川行男 168
トムキンス（Tomkins, SS） 42, 43, 45, 46, 53, 54, 61, 115, 120, 126；―の質疑 53
取り入れ 16, 19, 32, 65, 68, 81, 87, 88, 96, 125, 145, 186
取消 98, 101

な行

名古屋大学法 20
ナラティヴ 33, 34, 35
ナルシスティックな傾向 85
二次的防衛機制 94, 97
のぞく－のぞかれる 69

は行

パーソナリティ障害水準 97, 122
　―の病態 16, 17
ハートマン（Hartman, AA） 31, 35, 65, 90
漠然とした危機状況 77
バッテリー 19-21, 37, 39, 112, 163-173, 175, 177, 178, 194-196
母親；―イメージ 79, 128；―との関係性 72
母娘葛藤 87
母－息子関係 70
馬場禮子 16, 22, 90, 95, 102, 166-169, 172, 173, 192, 196

パラノイア 75, 104
半構造化面接 168
反動形成 16, 98, 125
反応拒否 87
反応時間 54, 113, 139, 181, 187, 193；―の測定 54
ビーチャム（Beauchamp, L） 60
非行少年 110, 111
ヒステリー 18, 43, 61, 109, 118
否認 16, 72, 85, 91, 92, 94, 106, 117, 125
ヒポコンドリー 110
描画法 164
病態診断に役立つTATの基準 178
病態水準 16, 17, 46, 74, 91, 97, 101, 117-119, 122, 123, 142, 148
病的な作話 69, 194
病的な退行 74
病理性，病態水準 142, 148
病理的脆弱性 57
病理的知覚の歪み 53
ファジー言語 160
不安神経症 18, 109
フィードバックTAT 156, 157, 161
フィードバック面接 18, 34, 151, 152, 154, 157, 158, 160；―の仕方 157
フィン（Finn, SE） 152-154, 161, 162
フェイドン（Faden, R） 60
藤田宗和 63, 78, 89, 90
藤山直樹 40, 45, 61
ブリーフ・サイコセラピー 154
フロイト（Freud, S） 15-17, 22, 29, 38-40, 43-45, 61, 98, 117, 118, 126, 164
分析技法における構成の仕方 38, 39, 45, 61
分析と解釈 113
分離 95, 98, 132, 148, 149
分裂 16, 91-93；―した自己の一部分 93
ベック（Beck, SJ） 20
ベラック（Bellak, L） 27, 31, 32, 43, 61, 64, 66, 68, 73, 75, 79, 82, 83, 85, 88, 90, 125
ヘンリィ（Henry, WE） 68, 79, 82, 84, 88, 90
防衛過剰・不足（神経症・不適応的人格（構造））レベル 97, 100, 101
防衛機制 15-17, 85, 91, 93, 94, 97, 100, 101, 107, 117, 122, 125, 149

索　引　203

防衛のレベル 97
防衛破綻（精神病的人格構造）レベル
　97, 98
冒険のテーマ 79
保護希求的 130
母性性の欠如 72
細木照敏 177, 196

ま行

横田仁 19, 22, 167, 168, 173
マックウィリアムズ（MacWilliams, N）
　17, 93, 102
松井仁 167, 173
松本卓也 23, 28, 35
松本雅彦 28, 35
マレー（Murray, HA）10, 14, 15, 27, 29-31,
　45, 46, 49, 54, 62, 66, 69, 86, 114-116,
　167, 170, 171；―の質疑 54
未解決のエディパル問題 81
3つの病態水準 16, 17, 97
村上宣寛 167, 173
メランコリー 118, 130
物語；自己― 41；自殺の主題，抑うつ的
　な― 181, 184, 185；標準― 40；妄
　想を伴った― 187；―が貧困 181,
　184, 186；―自己 41, 119；―の整合
　性 124；理想― 40
森岡正芳 33, 35, 41, 61
モルガン（Morgan, CD）29
モルガン（Morgan, WG）29

や行

ヤーンケ（Jahnke, J）29
薬物依存 86
山本和郎 11, 26, 34, 35, 48-50, 61, 62, 66,
　70, 72, 84, 90, 155-157, 160, 162
ヤング（Young, FM）110, 112
抑圧 16, 27, 66, 87, 91-94, 98, 101, 125, 137,
　149

ら行

ラザラス（Lazarus, RS）36, 37
ラパポート（Rapaport, D）27, 28, 31, 35,
　46, 49-52, 54, 61, 78, 79, 81, 90, 95, 123,
　124, 126, 166, 171, 173, 178；―の質疑
　51

ラポール作り 49
離人感 65
離人（症）体験 70, 76, 89
理想化 117
リビドー；―の退行 118；―の発達段階
　118, 119, 122
両親の不在 81
両貧型の体験型 188
臨床アセスメント→心理臨床アセスメン
　ト
臨床診断学 38
臨床心理士倫理綱領 59
臨床判断（学）11, 17, 35-39, 125, 162, 172
臨床（倫理的）配慮 13, 58
類似形態論的（synomorphic）な状況 62
連想検査 28
ロールシャッハ（Rorschach, H）177
ロールシャッハ法 9, 15, 16, 19-22, 24, 25,
　27, 28, 32, 42, 49, 51, 52, 65, 106, 112,
　119, 164-166, 168-173, 175, 177-181,
　187-190, 192-196

著者紹介

赤塚大樹（あかつか・だいじゅ）

名古屋大学大学院修了

中部労災病院，中京女子大学，愛知県立大学，岐阜聖徳学園大学を経て
現在，愛知県立大学名誉教授

専門は，精神分析学的臨床心理学，投映法による心理アセスメント

〈主要著書〉

「心理臨床アセスメント入門」培風館，共著（1996）

「精神保健の見方，考え方」培風館，共編著（2000）

「高齢者の心理と看護・介護」培風館，共編著（2002）

「TAT 解釈論入門講義」培風館（2008）

「医療・看護系のための心理学〔改訂版〕」培風館，共編著（2010）

〈執筆担当章〉第0章～5章，7章，8章

土屋マチ（つちや・まち）

名古屋大学大学院教育発達科学研究科心理発達科学専攻博士課程修了

博士（心理学）

愛知淑徳大学を経て，山梨英和大学人間文化学部専任講師（臨床心理
　　学・心理臨床アセスメント）

〈主要論文〉

土屋マチ（2012）ロールシャッハ法と TAT を用いた双極Ⅱ型障害のア
　　セスメント／「心理臨床学研究」29, 739-749

土屋マチ（2016）双極Ⅱ型障害のアセスメント～ロールシャッハ法，
　　TAT が捉える病態像の比較検討／「心理臨床学研究」34, 173-183

土屋マチ（2018）訪問カウンセリングにおける治療構造の検討～教育相
　　談としての一つの試み～／「岐阜聖徳学園大学紀要・教育学部編」57,
　　95-111

〈執筆担当章〉第6章，9章～11章

TAT〈超〉入門（てぃーえーてぃーちょうにゅうもん）
——取り方から解釈・病理診断・バッテリーまで

2019 年 5 月 20 日　初版発行

著　者　赤塚大樹・土屋マチ
　　　　（あかつかだいじゅ）（つちやまち）
発行人　山内俊介
発行所　遠見書房

〒 181-0002 東京都三鷹市牟礼 6-24-12
三鷹ナショナルコート 004
TEL 0422-26-6711　FAX 050-3488-3894
tomi@tomishobo.com　http://tomishobo.com
郵便振替　00120-4-585728

ISBN978-4-86616-088-7　C3011
©Daiju Akatsuka, Maki Tsuchiya. 2019
Printed in Japan

※心と社会の学術出版　遠見書房の本※

誘発線描画法実施マニュアル
寺沢英理子・伊集院清一著
ワルテッグテストをヒントに開発された本法は，投映法的なアセスメント＋構成的な心理療法としても活用できるアプローチ。本書は詳細な手引きです。別売で，実際に使う用紙セット「誘発線描画法用紙」もあります。2,000 円，B6 並

自分描画法の基礎と臨床
小山充道著
幼児から高齢者まで2千人を超える人々に描いてもらった自画像研究から生まれた自分描画法。この研究から活用までの全貌がこの1冊にまとまった。自分への振り返りを短時間に，抵抗も少なく深められる特性がある。4,600 円，A5 並

臨床心理検査バッテリーの実際
高橋依子・津川律子編著
乳幼児期から高齢期まで発達に沿った適切なテストバッテリーの考え方・組み方を多彩な事例を挙げて解説。質問紙，投映法など多種多様な心理検査を網羅し，フィードバックの考え方と実際も詳しく述べる。2,800 円，A5 並

投映法研究の基礎講座
津川律子 編
投映法研究の質をあげるためのノウハウと，代表的検査法であるロールシャッハ，描画法，TAT，P-F スタディ，SCT の各研究の歴史・現状・知見を網羅した一冊。研究計画から執筆までのよき「座右の書」。2,300 円，四六並

対象関係論の源流
フェアベーン主要論文集
W・R・D・フェアベーン著
相田信男監修／栗原和彦編訳
「対象関係論」という言葉を初めて用い，フロイト以後の精神分析学の理論的な整備と発展に大きく寄与した独創的な臨床家の主要論文集。5,000 円，A5 並

場面緘黙の子どものアセスメントと支援
心理師・教師・保護者のためのガイドブック
エイミー・コトルバ著／丹　明彦監訳
学校や専門家，保護者たちのための場面緘黙を確実に治療できる方法はもちろん，支援の場で実際に利用できるツールも掲載。全米で活躍する著者による緘黙支援ガイドブック！ 2,800 円，A5 並

N : ナラティヴとケア

人と人とのかかわりと臨床と研究を考える雑誌。第 10 号：医療人類学―いのちをめぐる冒険（江口重幸編）年1刊行，1,800 円

公認心理師の基礎と実践　全 23 巻
野島一彦・繁桝算男 監修
公認心理師養成カリキュラム 23 単位のコンセプトを醸成したテキスト・シリーズ。本邦心理学界の最高の研究者・実践家が執筆。①公認心理師の職責～㉓関係行政論 まで心理職に必須の知識が身に着く。各 2,000 円～2,800 円，A5 並

価格は税抜きです